Ça ira

Marine Plourdeau

Chapitre 1

« Il n'y a pas de mauvaise route, il n'y a que des mauvaises rencontres. »
Patrice Leconte – La Fille sur le pont

Sans être parfait, le contexte familial dans lequel j'ai vécu jusqu'à mes six ans est loin d'être le pire qu'on puisse imaginer. Quelques moments me reviennent, un peu comme des flashs, des bribes de souvenirs : des parents, des grands-parents, mon frère, Alexandre, l'école, les copains, les activités… J'ai compris assez vite que mes parents ne finiraient pas leur vie ensemble. Les soirées arrosées et les tromperies à répétition de mon père ont fini par avoir raison de leur relation.

Je me souviens de discussions houleuses, de pleurs, puis de cartons à faire et d'un déménagement. On allait désormais habiter chez papi et mamie pendant un tout petit moment, selon maman.

Je ne saurais dire combien de temps exactement nous avons cohabité tous ensemble sous le même toit, mais moi, je m'y sentais bien. Les mois passent et notre petite routine s'installe : l'école, les copains, les jeux dehors et les moments avec papi et mamie. Maman aurait bien aimé rencontrer un nouvel amoureux, mais ses recherches ne donnaient rien de concret pour le moment ; et puis il fallait qu'elle trouve un nouveau logement qui puisse nous accueillir tous les trois.

Quelque temps plus tard, nous voilà en train d'emménager dans un appartement. Il était selon mes souvenirs plutôt joli, confortable et assez grand pour nous. Maman partait très tôt le matin, si bien qu'une nounou venait à la maison pour nous réveiller, nous donner à manger et nous préparer.

À cette époque, mon frère faisait beaucoup de crises qui duraient un bon moment. Il mordait, tapait et poussait des cris qu'on pouvait entendre jusqu'à des kilomètres. C'était compliqué de le laisser à l'école ou ailleurs l'esprit tranquille.

Pour moi, l'école n'a jamais été un problème. J'aimais y aller et y retrouver mes amis. Je venais d'ailleurs de m'en faire un, Maxence. Nous passions beaucoup de temps ensemble à jouer à divers jeux et à discuter de nos pères respectifs que l'on ne voyait pas. Par chance, nos mères avaient commencé à se fréquenter et elles sont devenues rapidement amies. Une joie pour nous qui, à ce moment-là, pensions alors seulement à nous retrouver en dehors de l'école pour jouer encore et encore. Cette amitié naissante marquera ma vie à jamais.

Un jour d'été, ma mère nous annonce, à mon frère et moi, que l'on passera l'après-midi chez son amie, la maman de Maxence. Ravis à l'idée de tous nous retrouver, nous attrapons nos maillots de bain, remplissons nos sacs de jouets et filons vers la voiture.

La chaleur est écrasante, et la piscine nous fait de l'œil. Nous sommes bien, sereins et joyeux. Mon frère et moi nous chamaillons dans l'eau tandis que Maxence et sa sœur préparent leur prochaine bombe pour arroser nos mamans. Le plan est mis à exécution et nous crions d'une même voix :

— 1, 2, 3 !

Nos mères sursautent et, surprises, se lèvent, rouspètent deux minutes avant de retourner à leur conversation. L'heure est à la rigolade : tout le monde papote et s'amuse.

Comme tous les enfants, difficile de nous arrêter. Nous avons l'idée d'aller chercher d'autres jouets à l'intérieur pour continuer nos histoires et jeux imaginaires. Avec la permission de nos mamans, nous sortons alors de l'eau, nous nous essuyons rapidement et, encore ruisselants de gouttes, nous courons en direction de la maison. Nous grimpons les marches deux à deux pour atteindre la cuisine… et c'est à ce moment-là que je l'aperçu.

Il était assis sur une chaise, les jambes croisées, un journal dans les mains. *Il* portait des cheveux longs, de grosses lunettes et nous regardait avec de grands yeux noirs. La sensation de malaise qui s'est instantanément emparée de moi ne me quittera jamais plus.

Ce fut bref mais troublant. Nous passons devant *lui* pour aller dans la chambre de Maxence prendre nos jouets et ressortir rejoindre tout le monde.

Les après-midi chez Maxence se multiplient, sans qu'on croise de nouveau ce monsieur qui m'avait tant fait peur.

Quelque temps plus tard, maman vient nous chercher à la sortie de l'école comme d'habitude. Nous faisons le chemin en voiture puis nous arrivons à l'appartement. Alors qu'elle nous ouvre la porte, nous lui emboîtons le pas pour nous précipiter à l'intérieur et choisir le programme télé. Mais rien ne se passe comme prévu.

Je l'aperçois, et tout me revient : je fais tout de suite le lien entre cet homme et la sensation de malaise éprouvée quelques semaines auparavant.

Il était là, chez moi, chez nous, assis sur le canapé, attendant notre retour. Je me suis sentie mal instantanément. J'ai eu l'intuition au plus profond de moi qu'il fallait fuir, que quelque chose de mal allait se passer.

Je n'ai alors que six ou sept ans, et je sens qu'un danger est entré dans ma vie.

Mon frère et moi devons le rejoindre pour lui dire bonjour ; nous nous retrouvons alors tous au salon. Des toasts ont été préparés et disposés sur la table basse, des verres sont servis, comme si nous avions quelque chose à fêter.

Il cherche à entamer la conversation, à nous faire rire et à nous amuser. Nous apprenons qu'*il* habite à trois heures de route de chez nous, qu'*il* travaille dans le domaine de l'informatique au sein d'un collège et qu'*il* a une fille. Mon frère est plutôt réceptif et se détend petit à petit. Il est plus jeune, sans doute moins méfiant et observateur que moi. Sur ce, la soirée s'achève, et une fois couchée je sens que rien ne sera plus jamais comme avant.

À partir de cette soirée-là, plus jamais nous ne serions seulement tous les trois. D'autant plus qu'il ne venait pas seul, mais accompagné de sa fille, âgée d'un an de plus que moi. Ses moindres faits et gestes avaient la fâcheuse tendance à m'énerver. Elle touchait à mes affaires, dormait dans mon lit, utilisait mes jouets. J'avais beaucoup de mal à supporter cette intrusion brutale dans notre quotidien. L'idée de partager ma maman, mon frère et mes affaires ne me plaisait pas du tout. Mais, malgré tout, je la voyais de plus en plus et n'avais tout simplement pas d'autre choix que d'accepter la présence de cette nouvelle personne.

À cette époque, j'ai commencé à avoir des problèmes pour dormir. Le fait d'être deux dans ma chambre me gênait. Mais je ressentais aussi quelque chose d'étrange. Un malaise latent, l'impression de ne pas être sereine. Chaque fois qu'*il* était là, je trouvais une excuse pour me relever une fois que j'étais couchée : j'avais envie d'aller aux toilettes, de boire un verre d'eau, de me moucher… J'avais besoin de voir ce qui se passait dans les autres pièces de l'appartement pour me rassurer. Sans être capable de dire pourquoi, c'est quelque chose que je sentais, tout simplement.

Cette habitude a commencé à sérieusement énerver tout le monde. On me réprimandait, me répétant qu'il fallait que je fasse tout ça avant d'aller au lit, que je devais arrêter de me lever sans cesse sans raison valable.

Un soir, une fois couchée, j'ai entendu des bruits qui provenaient du bout du couloir. Au bout d'un moment et n'en pouvant plus d'attendre et de chercher un stratagème pour me lever, je suis sortie de mon lit et j'ai ouvert la porte de ma chambre, qui se situait tout au bout d'un grand couloir, dans un renfoncement. Arrivée au bout du mur, j'ai penché la tête pour tenter de les apercevoir. J'étais trop loin, donc j'ai dû avancer tout doucement de plusieurs pas avant de pouvoir les voir. La porte de la chambre de ma mère était ouverte et ils étaient là, nus et debout. Écœurée par la scène à laquelle j'assistais et en proie à l'incompréhension qu'elle suscitait chez moi qui étais si jeune, je suis restée figée.

Bien entendu, avec le recul j'ai compris, mais sur le moment, plutôt que de partir, je suis restée tétanisée. Son attitude fut alors des plus étranges. Je me souviendrai toujours de son regard juste avant qu'*il* referme la porte.

Par ce regard, *il* tenait à me montrer qu'il avait eu ma mère et que ce n'était qu'une question de temps avant qu'il en fasse son jouet.

Le dernier souvenir que j'ai dans cet appartement concerne un réveillon de Noël. Nous avions prévu de passer les fêtes de fin d'année ensemble, et un repas était organisé pour nous cinq, le premier. Malgré ce malaise persistant, l'instant était plutôt sympa même si surement aidé par l'atmosphère de Noël et l'ouverture des cadeaux.

C'est le dernier moment que nous avons passé dans notre chez-nous… Un moment plutôt heureux. Quelques semaines plus tard, maman nous a annoncé que nous allions emménager chez *lui*, à trois heures de route de là. Loin de mon école, loin de mes amis, loin de mes grands-parents, loin de chez nous.

C'est alors que nous avons quitté cette vie pour en entamer une nouvelle dans le Finistère, chez celui qui m'avait fait tellement peur quelques mois auparavant. *Son* piège se refermait sur nous. *Il* avait franchi la première étape. Celle qui consistait à nous éloigner de tout notre entourage pour faire de nous ses marionnettes. J'avais alors sept ans.

Chapitre 2

« Je vis en enfer du jour au lendemain, mais je ne peux rien faire pour y échapper. Je ne sais pas où j'irais si je le faisais. Je me sens totalement impuissant, et ce sentiment est ma prison. Je suis entré de mon plein gré, j'ai fermé la porte et j'ai jeté la clé. »
Haruki Murakami

Les cartons sont bouclés et les déménageurs au travail ; nous prenons la route un jour d'hiver. À mesure que nous nous rapprochons de notre destination, empruntant des chemins déserts, nous nous enfonçons en rase campagne, sans personne aux alentours. Et, finalement, au bout de trois heures nous arrivons enfin.

Notre nouvelle demeure est une maison de campagne dont la façade est en vieilles pierres. Elle est isolée et entourée d'un grand terrain délimité par une bordure d'arbres. Flanquée de deux grandes dépendances qui servent de débarras, cette maison paraît immense mais semble dénuée de toute chaleur. Maman se gare et, après les retrouvailles, commence alors la visite de notre futur chez-nous.

Je trouve la maison froide et glauque. À l'étage se situent les chambres de tout le monde ;

j'apprends alors qu'en plus je vais devoir partager la mienne avec *sa* fille. Les pièces sont en enfilade, si bien que nous devons traverser notre chambre pour atteindre celle de mon frère, Alexandre, qui est donc située à l'extrémité de la maison. Les fenêtres sont petites et rares. L'obscurité ainsi que le parquet qui craque à chacun de nos pas ne m'inspirent pas confiance : je ne me sens pas en sécurité, ici.

Arrive le premier jour d'école dans notre nouvelle ville. Pour mon frère et moi, qui sommes plutôt sociables, tout se passe bien. Nous nous familiarisons petit à petit avec cette nouvelle vie, ces nouveaux copains d'école et ce nouveau rythme. En ce qui concerne la vie à la maison, c'est différent de ce que l'on pouvait vivre jusqu'ici.

Selon *lui*, pour que tout se passe bien, nous devons nous entraider et travailler. C'est ainsi que, dès mon plus jeune âge, je me retrouve à désherber, à faire des travaux extérieurs, à nettoyer et à ranger la maison.

Rapidement, des tensions ponctuelles viennent peser sur l'ambiance qui règne dans cette grande et triste maison. Un jour c'est la fête entre amis – soirées bien arrosées, musique –, puis, le jour d'après, ce sont les regards noirs, les réflexions et la peur qui règnent.

Sa fille était la source de nombreux problèmes et de conflits. Son éducation, ses réflexions ou encore sa manière d'agir ne correspondaient pas du tout à l'image que ma mère avait d'une petite fille de 8 ans.

Bien sûr, à chaque dispute, nous avions la boule au ventre. Voir ses parents ne pas être d'accord n'est jamais agréable, mais là, c'était différent. *Son* regard était tellement noir et *ses* yeux tellement sévères que j'avais l'impression qu'*il* devenait quelqu'un d'autre. En fait, je me rendais compte que, moi aussi, j'avais peur de *lui*.

J'ignore quand se produisit le premier acte de violence ; je pense que seule ma mère le sait. La nuit, j'entendais souvent du vacarme, des gémissements, des pleurs… Des disputes, encore et encore.

Un soir où il y avait plus de bruit que d'habitude, je me souviens de m'être levée de mon lit.

J'entends du boucan et des cris étouffés. Je décide, malgré la peur, de me diriger vers la porte et de l'ouvrir. La scène à laquelle j'ai alors assisté m'a bouleversée étant donné mon jeune âge. Ma mère se tenait là, debout, les yeux exorbités et rivés devant elle. Suivant alors son regard, je me suis retournée et je l'ai vu, *lui*, agenouillé dans les toilettes, les mains serrées sur un morceau de plastique. Et du sang, du sang partout par terre. En quelques secondes je fais le rapprochement entre l'aspirateur balancé sur le sol et ce qu'*il* tient dans les mains : un morceau brisé de l'appareil, qu'*il* est en train d'utiliser pour se taillader l'avant-bras. *Ses* hurlements se mêlent à *ses* sanglots ; moi, je ne comprends rien à ce qui est en train de se passer. Cherchant du réconfort, je me précipite dans les bras de ma mère pour m'y blottir, mais elle me demande de retourner dans ma chambre. Je n'ai donc d'autre choix que rejoindre mon lit hantée par ces images, totalement impuissante.

La vie a repris son cours, alternant entre des moments normaux et des moments plus sombres. Un instant tout allait bien, place à la rigolade, aux activités et aux sorties ; l'instant d'après une simple réflexion pouvait faire sombrer notre quotidien dans les ténèbres. Une phrase maladroite, une attitude qu'*il* jugeait inadéquate, déclenchaient *sa* colère et *sa* violence aussi bien physique que verbale. Plus tard, j'allais apprendre à mesurer le moindre propos, le moindre geste, pour éviter la confrontation et le déferlement de violence. À ce moment-là j'avais peur, sans être encore capable de l'exprimer.

J'espérais au fond de moi que, lors des rares visites de notre famille, quelqu'un s'apercevrait qu'il y avait quelque chose d'anormal dans *son* comportement. Mais *il* se débrouillait pour passer pour le gendre idéal. Ses mots étaient gentils, et *il* ne faisait preuve d'aucune violence. *Il* se montrait prévenant envers ma mère et savait comment se montrer sympathique aux yeux des autres. *Il* s'arrangeait pour que nous, les enfants, soyons souvent seuls et dans nos chambres. Ainsi, il pouvait garder le contrôle sur la situation plus facilement.

Très rapidement, ils ont essayé d'avoir un enfant. Je crois que c'est à partir de ce moment-là qu'*il* a commencé à ne même plus se cacher. À la violence physique s'est ajoutée la violence psychologique, et ce de manière régulière.

Un matin, Alexandre, sa fille et moi prenons notre petit déjeuner, assis autour d'une très grande table en bois massif. Cette table est tellement lourde que nous avons du mal à la déplacer. En dessous se trouve un tasseau de bois qu'on utilise pour reposer nos pieds sans qu'ils touchent le sol. Chacun de nous est donc tranquillement attablé devant son bol de chocolat chaud et ses tartines beurrées.

Des cris nous parviennent alors depuis l'autre bout de la maison. Le bruit d'objets qui tombent, le fracas de portes qui claquent. À mesure que les gémissements et les supplications de ma mère se rapprochent, nous sentons le stress monter et la boule au ventre grossir.

Maman, qui est enceinte de plusieurs mois, arrive dans la pièce. Ils apparaissent tous les deux sur ma droite, debout. Ma mère est en larmes, et lui en pleine crise de rage. Son visage devient rouge vif et ses yeux sortent de leurs orbites. *Il* crie sans s'arrêter et, d'un coup, *il* se saisit de la table, la soulève jusqu'à renverser tout ce qui s'y trouve avant de la rabattre violemment au sol. Je hurle.

Mes jambes, alors calées sur le tasseau de bois, sont soulevées avec la table et plaquées au sol avec une telle violence que j'en perds l'équilibre. Tout le monde pleure, crie, s'efforce de ramasser ce qui se trouve par terre pour éviter de se faire réprimander. Incapable de bouger mes jambes, je relève la nappe et aperçois alors deux marques bleues sur mes cuisses à l'endroit du choc. J'essaie de me relever, mais je sens bien que j'ai du mal à marcher. Maman tente de le raisonner, mais il est trop tard. Elle a dû dire le mot ou la phrase de trop. *Il* attrape un grand couteau et revient devant elle, pointant la lame vers son ventre. S'ensuivent alors des menaces verbales et des pleurs.

J'ai oublié comment s'est achevée cette journée, mais je me rappelle avoir eu du mal à me déplacer pendant plusieurs jours. Je me souviendrai à jamais de cette scène, de ce couteau et de la terreur que j'ai lue dans les yeux de ma mère.

Quelques semaines plus tard, elle perdait son bébé lors d'une fausse couche.

C'est à ce moment-là que j'ai compris que ma mère était en danger. Je me suis mise à faire une fixette sur tous les couteaux et les instruments qui pouvaient servir à blesser quelqu'un. Chaque soir, mon nouveau rituel consistait à vérifier s'*il* avait caché quelque chose sous leur lit pour la brutaliser, ou même la tuer durant la nuit.

Les jours de ménage, nous étions chargés de nettoyer la maison, de passer l'aspirateur et de ranger les chambres. Nous nous montrions pointilleux à l'extrême ; tout était vérifié dans les moindres détails pour éviter une nouvelle crise en rentrant. Je faisais en sorte de mettre à l'écart tout objet dangereux ou susceptible de l'être.

Mais, malgré toutes ces précautions, rien ne changea. Les disputes se répétèrent encore et toujours, tout comme la violence qui pouvait déferler aussi parfois sur *sa* fille.

En effet, elle était souvent l'objet de leurs disputes ; quand *il* commençait à monter en pression, *il* débarquait en furie dans notre chambre, comme sorti de nulle part, et la rouait de coups pendant que ma mère, restée en retrait, pleurait et lui hurlait de s'arrêter. Quant à mon frère et moi, nous ne pouvions qu'assister à ce triste spectacle sans pouvoir rien faire.

Il cherchait à faire culpabiliser ma mère, à lui faire croire que tout était sa faute, qu'elle était de mauvaise foi et que, à cause d'elle, *il* était obligé de frapper *sa* fille.

Le lendemain, nous nous empressions, ma mère et moi, d'appliquer du fond de teint ici et là sur la peau de sa fille pour camoufler les bleus que lui avait laissés son tyran de père. Ma mère, pleine d'empathie et persuadée qu'elle était responsable, faisait de son mieux pour masquer la moindre trace, afin que personne ne puisse soupçonner quoi que ce soit à l'école. Et moi, complètement abasourdie, je l'aidais à étaler le maquillage, non pas pour que le personnel de l'école ne soupçonne rien, mais pour que ma mère ne reçoive pas d'autres coups faute d'avoir mal fait son « travail ».

Ces épisodes d'angoisse intense imbriqués dans une routine « normale » m'ont amenée à développer des troubles du sommeil qui se sont intensifiés par la suite. J'ai commencé à souffrir de somnambulisme. Lors de mes crises, assez fréquentes, je me levais la nuit et divaguais dans la maison ; une fois, je suis même allée jusqu'à ouvrir la fenêtre de ma chambre et à enjamber le mur.

Quand j'ai pris conscience que les coups pouvaient être mortels, la peur que le pire se produise s'est emparée de moi. Malgré tout, je restais une petite fille très souriante, sociable et rigolote sitôt passée la porte de la maison. J'étais une élève studieuse et mes résultats scolaires étaient bons. En apparence, tout était ce qu'il y a de plus normal.

Sa fille, au contraire, avait plus de mal à l'école. Je me demande si certains professeurs ne se sont pas doutés de quelque chose, car je me souviens qu'ils ont été convoqués par la directrice de l'école ainsi que l'infirmière. Je les vois entrer dans le bureau et en ressortir comme si de rien n'était, ainsi que le regard triste de sa fille qui, cachée derrière eux, n'osait lever les yeux vers nous. J'ignore tout de ce qui s'est dit lors de ce rendez-vous, mais ce qui est sûr, c'est que rien n'a changé et que personne n'a rien signalé.

La violence, tant verbale que physique, continue alors de plus belle dans cette maison. Une nuit, nous les avons entendus crier, hurler, pleurer. Cachés dans nos lit nous avons compris qu'*il* avait dû la frapper, une fois de plus. Maman a attendu qu'*il* s'en aille pour nous demander de rassembler quelques affaires et de les mettre dans un sac à dos ; on allait partir chez des amis (qui étaient avant tout, les siens). Il faisait nuit, maman nous installe dans la voiture, puis nous roulons jusqu'à chez eux. Quand nous arrivons là-bas, ma mère s'effondre et l'amie en question, nous recueille chez elle. Elle nous installe dans la véranda et discute avec maman, qui lui raconte son récit tout en essuyant les larmes qui coulent le long de ses joues. Nous sommes à côté d'elle, sous le choc sans même prêter attention aux sacs de jouets que nous avons préparés dans la précipitation.

Puis vient le moment fatidique où *il* l'appelle. *Il* est rentré à la maison et, la trouvant déserte, *il* est devenu fou de rage. Je l'imagine se transformer petit à petit en monstre, à l'idée que *sa* proie s'échappe.

Voyant qu'elle ne voulait pas revenir, *il* a sorti le grand jeu de l'homme malheureux et accablé de chagrin, s'excusant pendant des heures et des heures, usant de tous les stratagèmes possibles pour lui faire entendre raison et la ramener à la maison.

Il a réussi.

Cette tentative de fuite fut la première et la dernière de ma mère. Son cauchemar – et le nôtre – ne faisait que commencer.

Chapitre 3

« Souvent le feu incendie la maison de celui qui se rit des autres. »
Proverbe danois

Quelques mois plus tard, ils ont décidé de déménager. Sans que je comprenne pourquoi, nous devions partir – ce qui n'était pas pour me déplaire. Cette maison ne m'a jamais plu. Après tout ce qu'on venait d'y vivre, je me disais – naïvement – que tout irait mieux après avoir changé de maison.

Nous emménageons alors dans une maison de bourg, située en plein centre-ville et entourée de logements. Nous sommes ravis de quitter la campagne et de retrouver un peu la civilisation. L'école est juste à côté, et nous pouvons nous déplacer dans le village à pied. La maison est ancienne, mais elle a du potentiel : nous pourrons en faire quelque chose de joli. Après des travaux considérables et au bout de nombreux week-ends de labeur, elle est devenue habitable et plutôt confortable. Chacun de nous a sa chambre, et l'espace y est suffisant pour qu'on s'y sente à l'aise.

Malgré tout, l'ambiance familiale demeure chaotique.

Je me souviens d'un soir de Noël, notamment. Les parents du monstre étaient là ; nous dînions tous au salon et discutions de tout et de rien jusqu'à ce qu'un sujet sensible ait le malheur d'être abordé. Le ton a commencé à monter, se faisant de plus en plus agressif.

On nous expédie à l'étage, chacun dans sa chambre, pour que la « discussion » puisse se poursuivre entre adultes. La boule au ventre, nous montons, espérant de toutes nos forces que *ses* parents vont dire quelque chose et feront en sorte d'apaiser la situation avant qu'elle dérape.

Je rejoins sa fille dans sa chambre, qui se situe en face de la mienne. Nous tremblons de concert sous les bruits des cris et des coups qui pleuvent en bas. Puis nous les entendons monter au deuxième étage, dans leur chambre, qui se trouve au-dessus de celle ou nous sommes.

S'ensuivent d'interminables minutes d'horreur. Des cris, des hurlements, des insultes et des coups, encore et encore… De l'acharnement pur et simple, aucune trêve. Nous entendons ma mère être projetée au sol et *ses* poings à *lui* qui la frappent tant et plus. Nous hurlons, nous pleurons, nous le supplions à travers le plafond de s'arrêter, en vain.

Attirés par nos cris, *ses* parents montent alors à l'étage. Mais c'est dans notre chambre qu'ils viennent, et non dans la leur : ils nous somment de nous taire et de cesser de faire du bruit. Ils nous demandent d'être sages alors que leur fils frappe de toutes ses forces ma mère qui est au sol et sans défense.

Quand je repense à cette scène, j'en suis encore choquée. Comment peut-on laisser faire une chose pareille ? Ils ont enfanté un monstre et ils le laissent donner libre cours à sa cruauté. Du haut de nos huit ou neuf ans, nous avions bien compris qu'il y avait un problème. Mais si même les adultes ne sont pas là pour nous aider, comment s'en sortir ? Pour changer, tout s'est terminé avec des bleus par dizaines et des excuses par centaines, bien évidemment…

C'est dans ce contexte que maman est tombée enceinte. Comme *il* ne pouvait pas la frapper quand l'envie lui prenait, *il* cassait alors tout dans la maison. Tout y passait : les objets, les meubles, et même les fenêtres. Il valait alors mieux ne pas se trouver sur son passage.

J'avais de plus en plus de mal à m'endormir. Et lorsqu'ils nous demandaient d'aller au lit, quelques minutes plus tard, j'ouvrais ma porte et restais assise des heures en haut des escaliers, à l'affût du moindre bruit suspect. Quoi qu'il se passe, j'avais peur. Qu'il y ait du bruit ou que la maison baigne dans le silence, ça m'angoissait. Si j'entendais quelque chose qui ressemblait à une dispute, je me disais que tout pouvait se terminer en lynchage ; à l'inverse, si je n'entendais rien, cela voulait peut-être dire qu'*il* l'avait tuée.

À force de vivre ainsi bloquée et la peur chevillée au corps en permanence, j'ai commencé à souffrir de nouveaux troubles : petit à petit, la boule au ventre ressentie par la peur devenait vraiment réelle et omniprésente. Tout comme mon sommeil, mon ventre commençait à se détraqué.

Cette fois-ci, la grossesse de ma mère atteignit son terme sans problèmes, et c'est en mai 2000 qu'arriva notre demi-sœur. Mais la naissance de leur premier enfant en commun n'apaisa pas leurs tensions ; les violences et insultes redoublèrent.

Je continuais à inspecter sous leur lit, ajoutant à mes vérifications habituelles le compte des couteaux de la cuisine, histoire de savoir avant d'aller au lit s'il en manquait un ou non. De plus, la fenêtre de ma chambre donnait sur la cour intérieure, et donc sur la cuisine. Peut-être qu'inconsciemment j'ai choisi cette pièce pour essayer d'avoir « le contrôle » sur ce qui se passait lorsque l'on était dans nos chambres. Toujours est-il que, plusieurs fois, j'ai pu suivre de là-haut leurs différentes altercations.

Depuis le déménagement, nous étions inscrits à la seule école du village, où très vite nous nous sommes fait des amis. Découvrant peu à peu ma passion pour le sport, je fus inscrite dans un club de handball ; j'y passais beaucoup de temps, entre les nombreux entraînements et les matchs.

Un dimanche soir, de retour d'un tournoi et fatiguée de ma journée, je me mets au lit assez tôt et m'endors rapidement. En pleine nuit une envie pressante me réveille. Quand j'ouvre les yeux, je me rends compte que ma chambre est éclairée. Je trouve cela étrange, mais je me dis que j'ai dû oublier d'éteindre ma lampe de chevet avant de m'endormir. Je vais aux toilettes, qui se trouvent sur le palier, puis, après m'être lavé les mains, je sors de la salle de bains et retourne vers ma chambre… que je retrouve presque entièrement dévorée par des flammes. Mon premier réflexe est de réveiller *sa* fille, qui dort au même étage que moi, de prendre la poubelle de sa chambre puis de la remplir d'eau pour tenter d'éteindre l'incendie. Très vite, j'ai compris que cela ne servirait à rien, car le feu était beaucoup trop puissant. Nous nous retrouvons alors toutes les deux dans sa chambre à paniquer sans savoir quoi faire.

Toute personne « normale » se dépêcherait d'alerter tout le monde pour s'enfuir. Mais nous avions tellement peur de *lui*, de ses réactions, de son comportement, que nous étions tétanisées à l'idée de nous rendre à l'étage supérieur pour les réveiller. Nous avions peur de nous faire réprimander, qu'*il* s'énerve parce que nous l'avions sorti du sommeil et que cela entraîne une dispute, et donc des coups…

Comme les flammes gagnaient tout l'étage, nous avions de plus en plus de mal à respirer ; il nous fallait donc prendre une décision d'urgence. Je m'élance alors dans l'escalier menant au second étage, sa fille sur les talons. Je me bouche le nez et ferme les yeux, car la fumée me brûle et m'empêche de respirer. Je longe le mur en me guidant avec la main et, arrivée en haut, je frappe à la porte. *Il* ouvre comme une furie et court partout pour voir ce qu'il se passe. Pour finir, tout le monde descend et quitte au plus vite la maison. Vêtus de nos pyjamas et d'une paire de chaussons, nous sortons dans l'espoir de croiser quelqu'un. Malheureusement, il était 23 heures et personne n'était dehors. Je ne me souviens plus qui appelle les pompiers, mais, en attendant leur arrivée, nous nous réfugions chez nos voisins qui nous recueillent avec gentillesse.

De chez eux, nous observons les flammes qui engloutissent petit à petit la maison et des boules de feu qui sortent des fenêtres après les avoir explosées. Il faudra plusieurs heures aux pompiers pour venir à bout de l'incendie.

Ce soir-là, notre voisine nous prépare des lits pour nous héberger après ce drame. Nous sommes en état de choc et ne savons pas du tout comment va se passer la suite des événements. Malgré tout, plutôt que de rester avec nous et nous rassurer, ils décident tous les deux de partir au bar du coin pour « décompresser » après ce triste moment. Nous ne les reverrons pas avant le lendemain matin. Ce soir-là, personne n'était là pour nous consoler d'avoir tout perdu, d'avoir vécu ce cauchemar ; personne n'était là pour nous apaiser…

Dans l'attente du bilan du sinistre, nous avons passé quelques jours chez ces voisins. Nous sommes ensuite allés dans un hôtel-restaurant pendant un petit moment, le temps que la mairie nous trouve une maison à nous prêter pour plusieurs mois.

En fin de compte, les dégâts étaient considérables : concrètement, il ne restait plus rien. Tout avait brûlé. Vêtements, meubles, papiers, photos, objets… tout. Un énorme élan de solidarité avait alors envahi tout le village : nous avons reçu de nombreux vêtements, des appareils d'électroménager, des objets, des affaires scolaires… Tout le monde a été super. Nous sommes restés plusieurs semaines dans ce logement provisoire, jusqu'à ce qu'on nous dise qu'une autre maison nous attendait, un peu plus loin.

Elle est ancienne, grande et peu accueillante. Les murs sont recouverts de vieilles tapisseries, la cuisine est démodée et le terrain est immense. Mais nous n'avons pas le choix : c'est ici que nous allons devoir prendre notre nouveau départ.

Et, une fois encore, nouveau lieu de vie ne veut pas dire nouvelle vie. Les violences, intimidations et insultes ont continué.

Malgré cela, nous apprenons la « bonne » nouvelle : ils ont décidé de se marier.

Chapitre 4

« Pour le meilleur et pour le pire. »

La cérémonie, simple, se déroula en petit comité. S'agissant d'un second mariage pour les deux époux, les vœux ont été prononcés à la mairie de notre petit village, située juste derrière notre maison brûlée – toujours en reconstruction. Mes grands-parents, mon oncle, ma tante, quelques amis, tout le monde était là. Tous pensaient qu'enfin elle avait trouvé quelqu'un de bien auprès de qui elle allait couler des jours heureux… S'ils avaient su. Ils étaient tous victimes de la manipulation de cet homme…

Je devais avoir aux alentours de dix ou onze ans à ce moment-là. D'un simple mot, elle venait d'approuver tout ce qu'*il* nous faisait subir depuis des années déjà. En lui disant « oui », elle avait signé pour la vie.

J'ai commencé à cette époque à souffrir de TOC. Nous vivions encore dans la maison que nous prêtait la commune et, petit à petit, mes troubles sont apparus. Je ne me souviens pas quel a été l'élément déclencheur, mais rapidement, il m'est devenu impossible d'effectuer les gestes du quotidien sans les répéter au moins une fois. Quoi que je fasse, tout devait être réalisé un nombre pair de fois. Monter les escaliers, fermer ou ouvrir les portes des placards, prendre un objet... Si je dérogeais à cette règle, j'avais l'impression que « le mal » allait revenir par ma faute.

Et je suis tombée dans un cercle vicieux. Après chaque « rituel », j'observais ce qui se passait dans la maison : je guettais si oui ou non la violence et les cris faisaient leur apparition. J'étais devenue prisonnière de ces TOC. Bien évidemment, tout le monde s'en était aperçu. J'en avais honte, d'autant que l'explication paraissait absurde à ceux à qui j'en parlais. Mais rien à faire, c'était plus fort que moi. Ils ont donc fini par se moquer de moi. Plutôt que de me m'aider ou de m'écouter, ils se contentaient de sourire et de m'imiter. Je peux éventuellement comprendre cette attitude de la part de mon frère et de mes sœurs – même si, à l'époque, je leur en voulais forcément –, mais venant des adultes... Ils n'ont strictement rien fait.

Pendant des années, j'ai lutté pour tenter de me débarrasser de ces troubles. Aujourd'hui, je n'en souffre plus. Mais cela a été un combat des plus éprouvants sur le plan psychologique de parvenir à surmonter le besoin irrépressible d'effectuer ces maudits rituels jusqu'à pouvoir vivre sans eux et enfin tourner cette page pour de bon.

Après avoir passé quelques mois dans cette maison, nous avons pu retourner dans notre ancienne demeure du bourg, où les travaux étaient achevés.

Chacun a retrouvé sa chambre et ses habitudes. La maison était plus moderne, mieux aménagée et plus jolie. Ma petite sœur grandissait et nous, nous poursuivions notre parcours scolaire à l'école du village. Lui s'est construit un local destiné à sa deuxième activité : le tatouage. Continuant à façonner ma mère à son image, *il* la recouvrait de ses dessins. Elle qui n'avait jamais été attirée plus que ça par cet univers, avait déjà cédé auparavant et en portait quelques-uns.

Puis, maman tomba enceinte de nouveau.

Je me souviens d'une scène. C'était en plein été. Nous étions dehors sur la terrasse côté cour intérieure. Nous étions tous attablés et en train de manger, discutant de choses et d'autres. Le ton est subitement monté, parce qu'on avait abordé un sujet qui ne devait pas lui plaire. Nous sentions qu'il fallait nous taire, cesser de le regarder, mais, malgré nos efforts pour nous effacer, il était trop tard. *Il* nous faisait face, les yeux exorbités et les poings serrés. Nous savions alors que la situation était sur le point de dégénérer.

Soudain, tout ce qu'il y avait sur la table se retrouve par terre. Devant nous, un monstre qui empoigne les cheveux de ma mère à pleines mains. Elle hurle et se débat comme elle peut ; elle s'excuse – alors qu'elle n'a rien fait. Restant sourd à ses supplications, *il* ne desserre pas sa prise et continue de l'insulter. *Il* finit par la lâcher. *Il* saisit alors une assiette encore intacte et la brise en plusieurs éclats en la cognant sur la table. *Il* en attrape un morceau, pose son avant-bras sur la table et commence à se taillader la peau sous nos yeux effarés. La violence du geste et la vue du sang qui coule nous tétanisent.

Montrant son bras ensanglanté à ma mère, *il* se met à crier :

— Tu n'es qu'une salope, une pute ! Tu n'es même pas capable d'appeler les secours ! Regarde ce que tu m'obliges à faire !

Je ne saurais dire combien de temps cette scène a duré. Les pompiers sont arrivés quelque temps plus tard.

L'homme en uniforme sonne à la porte, entre dans la maison et s'avance jusqu'au salon. Il pose des questions sur l'origine de cette blessure. Du plus profond de mon cœur, je prie pour qu'il lise dans mes yeux tristes et suppliants combien je suis choquée et à quel point nous avons besoin d'aide. Mais une fois qu'il a obtenu les réponses qu'il lui fallait et qu'il a soigné les plaies, le pompier quitte les lieux. Quand il referme la porte d'entrée, nous sommes de nouveau seuls avec notre bourreau. Une fois de plus, quelqu'un est venu chez nous sans rien voir.

Des heures plus tard, le cinéma habituel recommence. Chaque fois c'est la même comédie : *il* pleure, s'excuse comme un enfant qui a fait une bêtise et offre un cadeau à ma mère ou l'invite au restaurant pendant que nous, paralysés par la peur, restons dans nos chambres à attendre qu'un nouveau jour se lève.

Voilà maintenant un an que sa fille, est entrée au collège à Brest. Elle a un an de plus que moi et me raconte alors ce qui change pour elle dans cette nouvelle vie de collégienne. Je l'écoute attentivement, pressée de découvrir cela, moi aussi.

Sauf que, pour pouvoir assouvir son besoin de contrôle et maintenir la pression sur nous, *il* a fait une dérogation pour que nous soyons inscrites dans l'établissement où *il* travaille. Avant même de pouvoir y goûter, les moments que j'avais hâte de vivre sont partis en fumée, gâchés par son omniprésence. Quand j'étais en primaire, j'avais des moments de répit loin de lui, mais à partir du moment où je suis entrée au collège, je n'ai plus jamais été tranquille.

Il s'est empressé de prévenir mes professeurs qu'*il* était mon « beau-père » et que s'il y avait un problème avec moi, il fallait lui en parler tout de suite. Pour *lui*, il ne s'agissait pas de me protéger, mais de m'épier.

Mon année de sixième fut studieuse et calme, car j'étais encore jeune et je ne connaissais personne. Je me fis de nouveaux amis, tout à ma joie de découvrir ce nouvel environnement.

Chaque matin nous partions en voiture pour quarante minutes de route. Arrivés à 7 h 15, nous étions bien en avance par rapport aux autres élèves du collège. Nous restions alors dans *son* bureau jusqu'au début du premier cours, où nous étions enfin « libre ». Le soir, c'était le schéma inverse : dès la fin de nos cours, au lieu d'aller en permanence ou de sortir du collège comme les autres élèves, nous devions nous rendre à *son* bureau et attendre qu'*il* ait terminé *sa* journée pour rentrer en voiture à la maison avec *lui*.

Un nouveau déménagement se profila. Une fois encore, chacun bouclait ses cartons et s'apprêtait à changer d'univers.

Ils avaient choisi cette maison sans vraiment nous consulter. Je me souviens de l'avoir vue une fois avant d'y habiter, le temps de signer les papiers. Le jour J arrive et nous disons adieu à nos habitudes. Après quelques minutes de voiture, nous voici en rase campagne. Les routes se faisaient étroites, et les habitations de plus en plus clairsemées. Après nous avoir menés dans un hameau comptant en tout et pour tout quatre maisons, *il* a ouvert la portière et est sorti pour enlever la chaîne « Passage interdit » qui barrait l'allée. Au bout du chemin, notre future maison.

Elle est en pierre, et sur sa gauche se trouvent plusieurs dépendances à l'abandon. À sa droite, un hangar rempli de bottes de foin. Collée à la maison, une autre dépendance ; bien plus grande, celle-ci. Le terrain est gigantesque et presque entièrement à l'abri des regards.

En tout, ce hameau comporte trois maisons et une ferme. Sur la gauche vivent un couple et leurs deux enfants. En face, derrière un épais mur de végétation, habite un vieux monsieur solitaire et casanier. Et puis, de l'autre côté de la route, et donc plus loin et sans le moindre vis-à-vis, résident un couple et leurs deux enfants.

Bref, là où nous sommes, personne ne nous voit. Soit les maisons sont trop loin, soit la végétation ou la topographie occulte toute visibilité.

Je pousse la porte d'entrée et découvre une vieille maison sombre où les pièces sont aussi petites que nombreuses. La décoration est ancienne, et les meubles rustiques ; l'atmosphère est lugubre et froide. Au premier étage, un palier dessert quatre chambres. Le deuxième étage, quant à lui, débouche sur des combles aménageables qu'il faut rénover. Apparemment, c'est à cet étage que se trouveront nos chambres, à sa fille et moi, quand les travaux seront terminés. En attendant, nous occuperons le premier niveau, comme le reste de la famille. Chacun tente de retrouver ses affaires et de s'installer dans la nouvelle maison.

Les travaux ont commencé par de gros chantiers : il fallait abattre des murs, refaire des charpentes, enlever les tapisseries, repeindre… La maison allait être refaite du sol au plafond, et nous allions y passer des jours et des jours, adultes comme enfants.

Les pièces exiguës laissaient place à de grands espaces, et les murs couverts de tapisseries et à la décoration défraîchie se paraient de tons plus sobres et modernes. Nos chambres étaient prêtes et nous pouvions désormais nous y installer. La maison devenait sans aucun doute beaucoup plus à notre goût. Les travaux nous occupaient chaque week-end, sans oublier l'entretien des parties extérieures. Désherbage des allées, arbres et branches à couper, tonte de la pelouse... Nous étions devenus de vrais petits employés polyvalents.

À plusieurs reprises, mes camarades de classe me proposèrent des sorties le mercredi ou le week-end, mais il était impossible – pour ne pas dire interdit – de quitter la maison. Qui pourrait bien aider à faire les travaux, sinon ? Nous avions pour obligation de nous lever et d'être en bas vers 7 h 30, prêts à recevoir leurs consignes. S'il faisait beau, on travaillait à l'extérieur ; sinon, il y avait toujours quelque chose à faire dans la maison. Les grasses matinées étaient proscrites, car, selon *lui*, c'était un truc de fainéants.

Maman accoucha de mon premier demi-frère. Nous étions maintenant sept à la maison.

Un beau jour, après une dispute et des coups qu'*il* prenait soin de donner devant nous – *il* ne se cachait plus du tout depuis un moment, et chaque coup qu'*il* portait restait gravé dans ma mémoire –, *il* décida de nous acheter un chien pour nous faire plaisir. Le schéma terreur, violence et récompense devenait une habitude. Bien évidemment, nous étions heureux. Un animal à la maison, quelle joie ! Nous voilà partis pour la SPA, afin d'y trouver notre futur animal de compagnie. Notre choix à tous se porta sur ce petit berger belge brun. Le problème, c'est qu'il n'était pas seul. Son frère était là aussi, et nous ne pouvions nous résigner à les séparer. Nous repartîmes alors de la SPA avec non pas un, mais deux chiens. Nous étions tous excités à l'idée de nous en occuper, de les éduquer, de les chouchouter.

C'était sans compter sur ses stratagèmes vicieux qui consistaient à donner pour mieux reprendre. *Il* utilisait le chantage pour obtenir ce qu'*il* voulait sans jamais devoir formuler quoi que ce soit ouvertement.

D'autres animaux rejoignirent bientôt la maison, et nous nous retrouvâmes alors avec deux chiens, un lapin, des poules et des oiseaux.

Dans les jours suivant chaque dispute venait un « cadeau » ou une « surprise ». Animal, bijoux, sorties… Ainsi, pas question de nous plaindre puisque, selon ses dires, *il* faisait plein de choses pour nous. Son plan marchait à merveille, car *il* avait bien compris qu'un enfant n'est en général pas rancunier et que chaque surprise permet de « passer à autre chose ». Mais *il* avait tort en ce qui me concerne. Je n'oubliais rien. Contrairement à mes frères et sœurs, je souriais, j'appréciais les bons moments, mais j'avais toujours dans un coin de ma tête l'idée que rien n'arrivait par hasard. *Il* était bien trop calculateur pour ça.

Un matin, je descends les escaliers pour prendre mon petit déjeuner et je ne trouve pas maman en bas. D'habitude, elle est toujours debout bien avant nous. Je l'appelle et me dirige vers leur chambre. Les travaux ayant bien avancé, ils avaient emménagé dans leur nouvelle chambre, qui était à l'opposé des nôtres – sûrement pas un hasard. Je l'appelle et, en entendant sa voix, je suis rassurée. Elle descend alors et je lis sur son visage que quelque chose ne va pas. Elle s'approche moi et je remarque qu'elle a un énorme bleu sur la cuisse.

— Qu'est-ce que tu as sur la cuisse, maman ?

— Oh, ça ? me dit-elle en voyant mon regard posé sur sa jambe. Ce n'est rien, je suis tombée dans l'escalier, hier soir.

— Dis-moi la vérité, s'il te plaît. Je sais que c'est faux.

— C'est ce qu'il s'est passé, n'en parlons plus.

Je sais pertinemment que ce n'est pas vrai. Son bourreau a encore frappé plus fort que la veille, et sûrement moins que demain.

Je la vois triste et à bout de nerfs, j'ai envie de lui crier de partir d'ici, de nous enfuir, mais je sais qu'elle ne le fera pas. Elle n'est plus que l'ombre d'elle-même, n'a jamais le droit de sortir seule, ne travaille pas car elle s'occupe de mes petits frères et sœurs. Elle n'a plus aucun ami sauf les *siens*, à *lui*. Privée de tout lien social, elle s'enlise petit à petit dans un dangereux cauchemar qui semble sans fin.

Désormais, nous voici coincés au milieu de nulle part, cloîtrés dans une maison – notre prison –, sans personne pour venir à notre rescousse.

Chapitre 5

« Les pervers n'ont jamais honte *puisque pour eux l'autre n'existe pas, c'est un pantin qui n'est là que pour leur propre plaisir.* »
Boris Cyrulnik – *Mourir de dire : La honte*

Quand il m'arrivait de comparer ma vie avec celle de mes camarades de classe, j'étais bien consciente que quelque chose clochait dans mon environnement. Je savais que la violence n'avait rien de « normal ». Mais le reste – les humiliations, les violences psychologiques, la peur qu'*il* faisait naître en nous –, cette pression qu'*il* nous faisait subir avait imprégné mon enfance tant et si bien qu'elle était devenue la norme.

J'entrais dans l'adolescence, et ma puberté est arrivée assez tôt. Ma poitrine a commencé à se développer, des courbes à se former sur mon corps ; bien entendu, je n'y étais pour rien. Cependant, selon *lui*, il fallait que je me cache. Plusieurs fois, le matin, lorsque je descendais les escaliers et récupérais mes affaires avant de me rendre au collège, j'avais droit à tout un tas de réflexions : « T'as vu ton décolleté ? », « Tu t'es maquillée comme une pute ! », « Avec tes cheveux coiffés comme ça, tu ne ressembles à rien ! ». Selon *lui*, j'allais en cours dans le seul but de draguer et de « baiser » avec des mecs.

Chaque jour, il me rabaissait un peu plus, me dévalorisait. Mais sitôt passée la porte de *son* bureau, quand je rejoignais mes amis, je redevenais la « vraie moi ». Je ne laissais absolument rien transparaître. Personne ne se doutait de rien. Tout le monde savait qui *il* était – j'avais prévenu mes amis que le « gars de l'informatique » était mon beau-père –, mais jamais personne n'aurait pu imaginer l'horreur que je vivais à la maison.

Nous étions encore des enfants et, même si certains de mes camarades me confiaient qu'*il* leur faisait peur, personne ne m'a jamais posé de questions.

Une nouvelle journée, une nouvelle dispute. Comme d'habitude, les meubles sont fracassés, les objets volent dans la maison. *Il* menace ma mère de ses poings serrés, debout face à elle. *Il* nous ordonne d'aller dans la voiture et de l'attendre le temps que maman et lui « terminent leur discussion ». Quelques minutes plus tard, et non sans avoir claqué la porte d'entrée, *il* ouvre la portière et s'installe au volant. Nous sommes derrière, tremblants de peur, car nous connaissons déjà la suite des événements. Malheureusement, nous avons vu juste. *Il* démarre en trombe et roule comme un fou. *Il* crie et nous dit que c'est notre faute s'*il* réagit comme ça. Alors que nous circulons sur des petits chemins de campagne, *il* accélère encore jusqu'à dépasser les 100 kilomètres/heure.

Je redoute l'accident, voire qu'il lui prenne l'envie d'en provoquer un.

Contrairement à mes camarades de classe, je n'attendais pas le week-end avec impatience. Pour moi, pas question de retrouver mes amis ou de vaquer à mes occupations ; je détestais ce moment. Malgré son omniprésence au collège, je préférais encore supporter cela plutôt que passer ces deux jours entiers à la maison, où j'étais vingt-quatre heures sur vingt-quatre en sa compagnie. Je savais que notre programme était déjà préétabli et qu'il laisserait peu, voire aucune place à nos envies. Jeux vidéo, films, musique, sorties avec nos amis… le rêve ! Mon seul exutoire, c'était le sport. Depuis que j'étais toute petite, j'en avais besoin et j'aimais ça. J'étais inscrite dans un club de handball situé à une quinzaine de minutes de la maison. J'avais des entraînements durant la semaine et un match avait lieu chaque samedi, comme c'est le cas dans la quasi-totalité des clubs. Et, évidemment, comme cela les embêtait déjà de devoir m'emmener et de venir me chercher, pas question pour eux d'imaginer venir me voir jouer, contrairement aux autres parents. J'étais vraiment douée pour ça : j'ai intégré l'équipe régionale, et la fréquence de mes entraînements s'est accrue.

Il était prévu que les parents emmènent à tour de rôle les enfants aux matchs chaque samedi. La honte me submergeait chaque fois que je devais trouver une excuse pour expliquer pourquoi les miens ne pouvaient pas nous transporter. À la fin de l'entraînement, je prenais garde à surveiller l'horloge pour être prête pile à l'heure et ne pas le faire attendre lorsqu'*il* venait me chercher. Même si lui était en retard, j'avais plutôt intérêt à être sur le parking quand *il* arrivait.

Un soir, l'entraîneur décide de déborder sur l'horaire normal pour nous faire travailler un exercice spécifique. Une fois que nous avons fini, je rassemble rapidement mes affaires et je file vers le parking. *Il* est déjà là, *il* m'attend. Je grimpe sur le siège avant passager en m'excusant pour mon retard. Je lui explique que l'entraîneur nous a fait travailler un peu plus tard que d'habitude pour nous montrer une action de jeu particulière.

Fulminant de colère, *il* sort de la voiture. Je me fais toute petite et je le suis. Monsieur avait décidé que ça ne se passerait pas comme ça. Arrivé à la salle de sport, *il* interpelle mon entraîneur, qui s'avance vers nous. Je pense que mon coach était loin de s'attendre à une chose pareille. J'ai lu dans son regard combien il était abasourdi par ce qu'il voyait, par la violence des mots employés. La discussion est devenue houleuse et ils se sont éloignés dans un couloir. *Il* empoigne l'entraîneur par le cou et, le menaçant du poing, lui ordonne de ne pas recommencer. Je ne sais plus où me mettre. Comment vais-je pouvoir oser revenir ici, le seul endroit qui me procure du bonheur ? La honte m'envahit et je ne rêve que d'une chose : quitter cet endroit. Même si la scène ne dure que quelques minutes, j'ai l'impression qu'elle s'éternise des heures durant. De retour à la voiture, *il* me lance dans un sourire mauvais :

— Il ne l'a pas volée, celle-là !

Et, fier comme un coq, *il* s'empresse de tout raconter à ma mère en rentrant.

Le samedi d'après, nous jouons à domicile. On me dépose devant la salle et, frémissant de crainte, je passe la porte du gymnase et me présente sur le terrain. Je me dirige vers les vestiaires pour me changer. Les filles me dévisagent. Je ne peux pas leur en vouloir : à leur place, j'aurais fait de même. J'avais tellement peur qu'on ne m'adresse plus la parole, qu'on se moque de moi, qu'on m'évite. Une fois que nous sommes toutes prêtes, nous sortons des vestiaires. Mon coach m'appelle : il souhaite que je le rejoigne pour discuter quelques minutes à l'intérieur. Il me parle très gentiment. Il me rassure en me disant que rien n'est ma faute et qu'il est là si j'ai besoin de parler de quoi que ce soit. Il me demande à plusieurs reprises s'il y a de la violence à la maison, s'*il* a l'habitude de taper, de nous violenter... À ce moment-là, rien ne sort sauf des larmes. Impossible de faire ou dire quoi que ce soit. J'avais envie de lui hurler que oui *il* nous fait du mal, *il* nous frappe, *il* hurle, *il* casse tout et nous empêche de vivre. Mais je sais que si jamais je *le* dénonce, *il* va tuer ma mère ; c'est en tout cas ce qu'*il* nous a bien fait comprendre à la maison. Pas question que j'endosse cette responsabilité. Je préfère donc ravaler mes larmes et me taire. Je pense qu'il a compris tout de suite. Mais, se heurtant à mon silence, il n'insiste pas. Afin de me montrer que cela ne change rien en ce qui me concerne et de m'aider à déculpabiliser, il décide de me nommer capitaine du match et me passe le brassard au bras. Il me laisse retrouver le reste de l'équipe et, alors que je sèche mes dernières larmes, j'ouvre la porte du vestiaire et affiche mon plus beau sourire.

C'est la dernière fois qu'on me déposa à la salle. Ils ont ensuite décidé de m'acheter un scooter pour que je puisse me débrouiller toute seule, que je ne sois plus un fardeau. Je n'en voulais pas car j'avais peur de ces véhicules à deux roues. En réalité, je n'avais pas vraiment d'autre choix que d'accepter. J'ai donc passé le BSR et commencé à me rendre en scooter aux entraînements et aux matchs. Or, qui dit scooter, dit pleins d'essence à payer. Mais je n'avais que quatorze ans et pas d'argent de poche… C'était donc compliqué, voire impossible, de m'en charger. En définitive, mes étrennes de Noël passaient dans mes pleins d'essence. Pour eux, c'était un soulagement de ne plus avoir à se soucier de mes horaires d'entraînement ; c'était aussi un prétexte en or pour ne pas avoir à « se taper » les matchs. Quand beaucoup me congratulaient pour mes performances, eux n'ont jamais pris la peine de venir me voir à un seul match.

Une nouvelle fois, ma mère a été victime de son attitude malsaine. Nous étions invités chez un de ses collègues de travail pour un déjeuner entre amis dans son jardin. La journée s'annonce agréable, car nous sommes dans un autre lieu, entourés d'autres personnes. Nous arrivons tous les sept dans cette grande maison et nous nous dirigeons vers le jardin. Il y a plein de choses à manger, un barbecue à préparer et des tas de jouets pour s'amuser. L'ambiance est joyeuse, les discussions vont bon train et les adultes rigolent. Maman est là, avec tout le monde. Je trouve qu'elle ne va pas trop mal, aujourd'hui.

Le temps file, puis, subitement, je vois que *son* regard change. Quoi que ma mère ait dit ou fait, ça ne lui a pas plu. Devant les autres, *il* fait comme si de rien n'était. Mais j'ai bien vu *son* visage changer, ses traits se durcir ; et maman l'a vu aussi. L'image de la journée parfaite commence à s'écorner.

Il parvient à jouer le rôle de l'homme idéal et à contenir *sa* colère jusqu'à notre départ. Une fois la porte passée, *il* se transforme. Quand tout le monde est dans la voiture, les insultes et les cris commencent à fuser. *Il* l'humilie une nouvelle fois et, comme si ça ne suffisait pas, *il* lui balance des coups de coude sans lâcher le volant. Maman se plie en deux de douleur à chaque coup ; elle pleure, mais *il* ne s'arrête pas. Peu *lui* importe qu'on *le* voie de l'extérieur, *il* entre dans une rage folle et continue jusqu'à notre domicile. Je pleure en silence, car si je fais trop de bruit, je risque de l'énerver encore plus. Dans ces conditions, le chemin me paraît durer une éternité. Mais, apparemment, *il* n'en avait pas fini avec sa « punition ».

Nous sortons de la voiture et ouvrons la porte d'entrée. À peine a-t-on franchi le seuil qu'*il* la pousse jusqu'à ce qu'elle heurte violemment le sol. Maman vient de tomber à mes pieds, elle hurle et, se roulant en boule, tente de se protéger de ce qui l'attend. *Il* se rue sur elle et roue chaque parcelle de son corps de coups de pied. Toujours plus fort et sans le moindre répit, *il* frappe encore et encore… Jusqu'au moment où *il* s'arrête sans que je comprenne pourquoi. Quoi qu'il en soit, j'en profite pour me précipiter sur ma mère, toujours au sol, essayant de l'abriter. À travers me sanglots, je réussis à lui demander :

— Maman, réponds-moi ! Est-ce que ça va ? Où as-tu mal ?

Je tente de lui parler, de la soutenir, mais *il* revient à la charge et je dois en rester là.

— Montez dans vos chambres ! nous ordonne-t-*il*.

Et, dans un sourire machiavélique, jetant un regard plein de dédain à ma mère qui est toujours recroquevillée au sol, *il* ajoute :

— Nous devons nous expliquer au sujet de certaines choses, tous les deux.

Nous n'avons pas eu d'autre choix que de rejoindre nos chambres. J'ignore s'*il* a continué ou non à frapper ma mère ce soir-là, et de quelle manière cela s'est terminé. Ce qui est sûr, c'est que, quelques semaines plus tard, elle nous a annoncé qu'elle était de nouveau enceinte.

Nous étions pris au piège dans ce cauchemar depuis maintenant tellement d'années. Malgré les excuses et les promesses de ne jamais recommencer, la violence allait crescendo. À chaque grosse crise, j'espérais en secret que maman vienne nous chercher en pleine nuit et nous emmène le plus loin possible d'ici. Mais l'emprise de ce père despotique et méprisant allait de pair avec le statut d'esclave auquel *il* avait réduit ma mère. Nous assistions alors, impuissants, à ce spectacle désespérant.

Chapitre 6

« Et après tout, qu'est-ce qu'un mensonge ? La vérité sous le masque. »
Lord Byron – *Le Pèlerinage du chevalier Harold*

Au collège, je m'en sortais plutôt bien. J'avais des amis, et ça ne se passait pas trop mal. Depuis la sixième, j'avais plus ou moins gardé les mêmes camarades de classe. C'est en cinquième que j'ai rencontré celle qui sera ma meilleure amie et confidente pendant toute ma scolarité à Brest et bien après.

Évidemment, l'ombre du monstre planait toujours au-dessus de l'établissement. Partout où je me trouvais, je pouvais être sûre qu'*il* m'observait, ou alors qu'*il* était sur le point d'arriver. À travers chaque vitre, au détour de chaque couloir, je m'attendais à le voir. En tant qu'informaticien, *il* avait besoin de pouvoir entrer dans toutes les classes. Ainsi, *il* possédait un trousseau avec tous les passes du collège. Comme ce trousseau était accroché à sa ceinture, il faisait un bruit que je pouvais reconnaître à des kilomètres quand *il* se déplaçait.

Alors que mes amis profitaient des temps de récréation et des pauses-déjeuner, tous mes sens étaient en alerte. Je devais me tenir prête à adopter à chaque instant le bon comportement, c'est-à-dire me plier aux règles qu'*il* avait édictées : porter mes vêtements fermés jusqu'au cou, ne pas m'approcher des garçons, m'en tenir à des discussions simples et légères, être toujours à l'heure en cours… Même quand je respectais à la lettre toutes ses consignes, *il* réussissait encore à me faire douter de mon attitude.

Malgré cette omniprésence, difficile de faire l'impasse sur les premiers émois amoureux. Histoires d'amour, de ruptures, de trahisons… l'amour au collège. Je savais qu'à tout moment je pouvais être prise sur le fait, au risque d'être alors considérée comme la fille facile du collège, selon lui. Cela étant, *il* n'en était plus à une contradiction près : si je n'avais pas de petit ami, *il* prétendait que c'était parce que j'étais lesbienne, faute d'être capable de me trouver un copain.

Pas évident, dans ces conditions, d'apprendre à me connaître et de savoir ce que je voulais vraiment.

Année de quatrième : premier voyage en Italie.

Choisir ma deuxième langue a été rapide, sous l'influence de cet homme qui revendiquait ses racines italiennes. J'ai eu la possibilité de partir dans ce pays à trois reprises. Ce que j'ignorais alors, c'était qu'il nous accompagnerait deux fois sur trois : *il* s'est débrouillé pour faire partie du personnel encadrant pendant ces voyages… J'ignore tout de ses motivations à ce moment-là.

Découvrir un pays, voyager, espionner…? Aucune idée. Toujours est-il que, même là, je n'avais aucun répit. Avec mes copines, nous trouvions des stratagèmes pour pouvoir sortir et rejoindre des amis sans qu'*il* le sache. Cela a plutôt bien fonctionné, car mon premier vrai bisou s'est déroulé quasiment sous *ses* yeux, sans qu'*il* se rende compte de quoi que ce soit.

Parfois, lors de moments d'accalmie, nous avions « le droit » de voir des amis ou de sortir. Cela nous était interdit la plupart du temps. Mais c'était pour mieux « sévir » plus tard. Nous ne nous en rendions alors pas compte, mais ce qu'*il* nous donnait, *il* nous le reprenait ensuite, ou bien *il* s'en servait contre nous.

« L'autre jour, vous avez eu le droit de sortir. Alors là, aujourd'hui, vous faites tout ce que je demande. »

« Vous étiez heureux quand vous étiez avec vos copains pendant que moi, j'étais en train de travailler tout seul. »

« Vous vous rendez compte de tout ce que je fais pour vous ? »

Il poussait le vice jusqu'à ce qu'on culpabilise et qu'on regrette de l'avoir laissé seul pour sortir avec nos amis.

Un week-end, j'ai eu le droit de fêter l'anniversaire de l'une de mes copines. J'étais excitée de pouvoir enfin sortir et voir mes amis en dehors du milieu scolaire. On m'a déposée le samedi chez mon amie, au début de la soirée.

Danser, rire aux éclats et flirter : tous les ingrédients d'une soirée parfaite quand on a quatorze ou quinze ans étaient réunis. Le lendemain, je suis rentrée à la maison.

Les semaines ont passé et mes amis ont publié quelques clichés sur leur blog, en souvenir de cette soirée – comme je ne suis pas autorisée à en avoir un, je me contentais de regarder les photos postées ainsi que les commentaires d'autres personnes.

Quelques semaines plus tard, à la fin de mon dernier cours de la semaine, je dis au revoir à tout le monde et je me dirige vers son bureau. Je longe le couloir en pensant à ma journée, à celle du lendemain, et j'avance tranquillement jusqu'à la porte, d'humeur joyeuse. Je pousse la poignée et je tombe sur *lui*, qui m'attend, les bras croisés. *Il* a l'air énervé et à bout de patience. Je me tourne alors vers l'ordinateur encore allumé et, en m'approchant, je m'aperçois que c'est moi, sur l'écran. *Il s'*est connecté sur les blogs de mes amis et est en train de récupérer toutes les photos où j'apparais. Étant donné les rares sorties autorisées, il ne doit pas y en avoir beaucoup. Mais le peu qu'il doit y avoir, *il* l'a trouvé. Au fur et à mesure qu'*il* les imprime, *il* les regroupe dans une sorte de petit cahier. *Il* me dit que sur chaque photo on voit très bien que j'ai bu, que je suis saoule, que je fais des bêtises et que je ne me respecte pas, entre mes tenues et mes poses provocantes.

Je suis complètement abasourdie. *Il* a réussi à trouver tous les blogs de mes amis, sans en oublier un seul. *Il* a même eu le temps d'inventer une histoire pour chacune des photos où j'apparais.

Mon frère nous rejoint alors dans *son* bureau, et nous sommes désormais au complet pour rentrer à la maison. Alors que je suis toujours sous le choc, *il* prend *ses* affaires, ferme *son* bureau et nous demande de nous diriger vers la voiture. À la maison, *il* brandit *son* cahier comme un trophée, puis étale les photos qu'il contient sur la table. *Il* prend un malin plaisir à se moquer de moi en évoquant des scènes qui ne se sont jamais déroulées.

— Mais regarde, là, elle est complètement bourrée ! Tu vois ses yeux ? Ils sont rouges et vitreux !

— Ce n'est pas ce qu'il s'est passé, je tente de lui dire.

Mais rien n'y fait, *il* ne m'écoute pas.

— Et là ! Tu vas me dire que tu es normale ? Et c'est quoi ce t-shirt ? Tu voulais montrer tes seins à tout le monde ? On ne veut pas de pute, ici, nous !

J'ai beau essayer de me justifier et de lui dire que ce qu'*il* insinue est faux, rien ne le fait changer d'avis. *Il* a raison ; j'ai tort. Je n'ai plus qu'à assumer mes bêtises, selon lui.

— Venez voir à quoi ressemble votre sœur quand on la laisse une seule fois faire la fête avec ses copines ! crie-t-*il* pour faire descendre mes frères et sœurs.

Chacun à leur tour, ils se moquent de ma tête sur ces photos et gobent ces histoires inventées de toutes pièces. Ma mère, qui se dit choquée par mon comportement, me regarde de travers et me critique. Je fonds alors en larmes. Elle et moi, nous avons toujours été très proches, très fusionnelles, mais lui cherche à rompre ce lien. Et ça fonctionne. Elle le croit *lui*, et pas moi. Moi qui suis sa fille, et *lui* qui est le monstre.

J'ai ensuite été punie pendant plusieurs semaines. Mais la pire des sanctions fut de lire le dégoût dans les yeux de ma mère, qui avait cru sa version des faits. *Il* avait encore gagné.

L'année se poursuivit, tout comme les manipulations et les insultes, et maman accoucha d'un deuxième petit garçon. Après deux grossesses menées en deux ans, elle était fatiguée tant physiquement que psychiquement. Elle tombe dans une sorte de dépression post partum qui n'arrangea évidemment en rien le climat familial.

Plus le temps passait, et plus je me demandais comment tout cela allait se terminer.

Chapitre 7

« De tuer les animaux à tuer les hommes il n'y a qu'un pas, tout comme de faire souffrir les animaux à faire souffrir les hommes. »
Léon Tolstoï

L'été 2005 défile et la rentrée approche. Cette année, Sa fille décide d'arrêter l'école et mon frère rentre en sixième, et sera donc avec moi du matin au soir. Je suis ravie de l'avoir à mes côtés, mais je sais que désormais il va devoir lui aussi subir les changements d'humeur et l'omniprésence du monstre.

Quelques mois après la rentrée, une violente dispute éclate un matin pendant le petit déjeuner. Nous sommes en train de nous préparer, et les cris soudains rompent le silence de l'aube. Nous nous dirigeons vers la voiture, pas très rassurés à l'idée de passer les quarante prochaines minutes qui viennent en sa compagnie. Nous savons ce qui nous attend. Et, une fois de plus, nous avons vu juste. Pendant tout le trajet, c'est à peine si nous osons parler, ou même respirer. Agrippant notre ceinture de sécurité à chaque virage, nous tentons de garder notre calme alors que la voiture doit dépasser les 100 kilomètres/heure sur des petites routes de campagne. Comme toujours, nous frôlons les fossés et les autres voitures. Une fois arrivés, l'estomac retourné et les mains rougies d'avoir serré notre ceinture de sécurité, nous devons nous installer à son bureau jusqu'à ce que retentisse la première sonnerie, qui nous permettra enfin de nous échapper.

Il continue de s'énerver sur nous, nous faisant porter la responsabilité de cette dispute :

— Vous voyez, ce qu'il vient de se passer, c'est encore votre faute ! Vous êtes incapables de faire correctement ce qu'on vous demande et c'est toujours la même chose. C'est vous qui m'obligez à faire ça, bande de petits cons !

Nous *l'*écoutons en silence, redoutant des représailles. Arrive enfin l'heure de ranger nos affaires. Alors que nous sommes en train d'enfiler nos manteaux, mon frère rompt le silence. *Il* rentre alors dans une colère noire et, en une fraction de seconde, son poing atterrit au milieu de la figure de mon frère. Il éclate en sanglots, les mains plaquées sur le visage. *Il* nous jette à la porte de son bureau, sans oublier de nous ordonner de nous taire, faute de quoi cette « conversation » se poursuivrait le soir venu.

Mon frère et moi nous retrouvons dans le couloir, seuls. Il ne reste que quelques secondes avant qu'il soit bondé ; nous allons devoir mettre nos masques et ne rien montrer à personne. Il se tient encore le visage. Quand il retire sa main, je m'aperçois qu'il a un bleu au niveau de l'œil. J'invente vite fait une histoire que je lui fais réciter pour m'assurer que notre version des faits concorde : il a trébuché et s'est cogné sur un coin de fenêtre. Je le prends par la main et l'accompagne dans la cour ; il faut qu'il arrive à se calmer et à paraître le plus « normal » possible. La sonnerie du premier cours de la journée retentit ; je le laisse rejoindre sa classe et me dirige vers mes camarades. Au loin, j'aperçois mon amie et la rejoins. Elle lit instantanément sur mon visage qu'il vient de se passer quelque chose de grave. Je fonds en larmes et lui raconte tout. Je lui demande de ne rien dire à personne, sous peine que les choses empirent. Elle me promet de garder le silence.

Une fois les cours terminés, nous sommes retournés dans le bureau du fou pour attendre sagement que celui-ci ait terminé sa journée avant de rentrer à la maison. *Il* n'a pas montré le moindre remords. Rien. *Il* a juste rassemblé ses affaires puis nous l'avons suivi jusqu'à la voiture. À la maison, maman s'est contentée de l'histoire de la fenêtre ; en tout cas, elle n'a pas cherché à en savoir plus sur ce qu'il s'était passé.

Son comportement envers les animaux était, lui aussi, inadmissible. Pour mémoire, nous avions adopté deux chiens, quelques mois plus tôt. Au bout d'une poignée de semaines, ils ont décrété que les chiots étaient assez grands et qu'il était temps pour eux de s'habituer à vivre et à dormir dehors. Mes frères et moi, nous veillions toujours à ce qu'ils aient à manger et à boire, et tout ce qu'il faut pour être heureux. Nous étions aussi attentionnés avec nos nouveaux compagnons que nous leur étions attachés.

Un jour, alors que maman faisait une marche arrière pour se garer dans la cour, elle a roulé sur l'arrière-train de l'un des deux chiens. Nous nous sommes alors précipités hors de la voiture ; il n'était pas mort, mais il ne pouvait plus marcher. Il devait avoir quelque chose de cassé. Nous étions en pleurs et nous efforcions de le rassurer autant que possible. Nous ne pouvions rien faire de plus, il fallait qu'il voie d'urgence un vétérinaire. Pourtant, nous avons vite déchanté. *Il* nous a annoncé qu'on allait le laisser comme ça et voir s'il allait survivre :

— Aucune raison de gaspiller de l'argent pour lui ! S'il doit mourir, il mourra.

Alex, sa fille et moi l'avons donc installé dans un coin du hangar, le temps de sa convalescence. Chaque jour, nous lui apportions de l'eau, de la nourriture et tout ce qu'il lui fallait dans l'espoir qu'il guérisse. Il faut croire que ce chien était à notre image : il avait l'âme d'un combattant. Petit à petit, il s'est rétabli : il s'est d'abord remis debout, puis il a réussi à marcher de nouveau, et enfin à courir. Nous étions tellement heureux !

Nos chiens n'avaient jamais vu de vétérinaire. Ils n'étaient ni vaccinés ni stérilisés, et ne recevaient aucun soin. Ils avaient besoin de jouer, de courir. Ils sautaient donc partout, aboyaient, ce qui ne lui plaisait pas. Une telle débauche de joie de vivre lui était insupportable ; il fallait donc forcément qu'*il* s'en prenne à eux aussi. Il fallait qu'*il* exerce son pouvoir de tyran. *Il* a alors décidé, après avoir testé les colliers électriques, d'acheter deux cordes et deux colliers pour attacher les chiens à un tronc d'arbre. C'en était fini de leur « liberté ».

Ce jour-là, nous nous disputons pour savoir à qui reviendra tel ou tel morceau de chocolat. Rapidement, *il* vient clore le débat et décider pour nous. Afin de nous faire taire, *il* attrape les morceaux, franchit la porte d'entrée, se dirige vers les chiens et leur balance le chocolat, sous nos yeux effarés. Nous savons pertinemment que le chocolat est très dangereux pour les chiens et qu'ils risquent de mourir s'ils en consomment. Impossible de retenir nos larmes en les voyant manger les friandises. *Il* se retourne alors, s'avance vers nous et nous lance :

— S'il arrive quoi que ce soit aux chiens, ça sera votre faute. La prochaine fois, vous y réfléchirez à deux fois avant de me gueuler dans les oreilles.

Jour après jour, la longueur de leur laisse a diminué, si bien que leurs museaux étaient presque collés à l'arbre et qu'ils ne pouvaient presque plus se déplacer.

On s'occupait d'eux tant qu'on pouvait en leur apportant eau et nourriture, mais il nous était interdit de les détacher.

Il faisait ce qu'*il* voulait des animaux, de nous, de ma mère, des gens qui nous entouraient… *Il* nous avait isolés et nous martyrisait, chacun notre tour.

J'avais remarqué qu'*il* savait comment atteindre chacun d'entre nous. Le processus était différent, et les attaques et menaces étaient « personnalisées ». Avec moi, il jouait sur le plan psychologique et émotionnel : j'avais droit à des violences verbales, des attaques sur les plans physique et intellectuel. En ce qui concernait mon frère Alexandre et sa fille, c'était surtout de la violence physique. Sans même chercher à comprendre, *il* frappait à chaque crise de colère. Petit à petit, je commençais à intégrer son mode de fonctionnement, et je pense qu'*il* s'en est rendu compte.

Chaque soir, je m'endormais avec la boule au ventre, avec l'idée qu'à mes dix-huit ans je pourrais enfin partir d'ici et me venger de tout ce qu'*il* nous faisait subir.

Chapitre 8

« Les absents ne sont jamais sans faute ; ni les présents sans excuse. »
Benjamin Franklin

La maison prenait forme petit à petit. Les murs avaient été cassés, et nous disposions désormais d'un immense salon avec mezzanine, d'une cuisine moderne, de chambres et d'une salle de bains refaites à neuf. *Il* bâtissait notre prison dorée. Les dépendances situées sur la gauche de la maison ont à leur tour été retapées. Le grand débarras aux murs de pierres apparentes et le sol en terre ont laissé place à un studio coquet et propre, destiné à devenir *son* salon de tatouage dans les semaines à venir.

Bien évidemment, nous avons participé à tous ces travaux tels de bons petits manœuvres. Charge à nous de déblayer les débris des murs cassés, de décrasser les sols et les murs, d'enchaîner des allers et retours avec toujours plus de choses à ranger, à nettoyer ou à débarrasser.

Le salon était donc prêt à ouvrir, et les premiers clients se présentèrent. L'affaire tournait plutôt bien et l'argent rentrait. Quand *il* était occupé avec ses clients, nous pouvions savourer quelques moments de répit et enfin essayer de nous détendre en attendant la suite du programme.

Voici une anecdote qui en dit long sur sa mesquinerie. Le samedi passe à la télé ma série préférée ; j'espère donc chaque semaine pouvoir en regarder le nouvel épisode. Ce jour-là, alors qu'*il* était occupé à son salon de tatouage, j'étais à la maison, dans la cuisine, en train de préparer un gâteau. Tout en cuisinant, je regarde la télé jusqu'à ce que j'entende la porte de la maison s'ouvrir. Je *le* vois apparaître dans la cuisine, qui se trouve juste à gauche de l'entrée.

— Qu'est-ce que tu fais ?

Ayant anticipé sa question, je lui réponds, justifiant ma présence devant l'écran :

— Je cuisine ! J'attends que le gâteau cuise en regardant la télé.

Il me regarde, un sourire vicieux étire ses lèvres. D'un doigt, *il* éteint la télévision.

— L'épisode est terminé, me dit-*il*.

Je peux voir à quel point *il* est satisfait de lui à ce moment-là. Sur son visage se succèdent des expressions terrifiantes. Certain de sa toute-puissance, *il* est persuadé que je ne vais pas broncher. En silence, je retourne en effet vaquer à mes occupations jusqu'à ce que le gâteau soit cuit.

Au bout d'un certain temps, *il* a décidé de s'associer avec un perceur ; il était prévu que ce dernier s'installe alors dans son salon chaque week-end. Je ne me souviens ni de quand ni de comment ils se sont rencontrés, mais l'idée avait germé dans sa tête et ils avaient choisi de se lancer. Effectivement, les deux activités étant complémentaires, c'était un bon moyen pour eux d'élargir leur clientèle.

Si j'en crois mes souvenirs, il me semble que tout se passe bien durant les premiers mois.

Des rumeurs dont je ne saisissais pas tout à fait le sens – je n'étais alors qu'une adolescente – ont commencé à circuler. Tout ce qui concernait les aspects financiers, légaux et réglementaires m'importait peu et je n'y prêtais aucune attention. Seule comptait pour moi la liberté que l'on pouvait goûter en son absence. Cependant, j'imagine que c'est en raison d'un problème de cet ordre que les gendarmes se sont présentés chez nous un après-midi.

Chacun est dans sa chambre lorsque j'entends des voix venir de l'extérieur. Je regarde par la fenêtre et aperçois une voiture de police. Je me demande ce qu'il se passe puisque aucune dispute n'a encore éclaté ce jour-là. Quelqu'un aurait-il donné l'alerte sur ce qu'on vivait à la maison ?

Sa fille et moi, nous passons au premier étage récupérer Alexandre avant de descendre au rez-de-chaussée. Nous rejoignons maman dans la cuisine, qui observe la scène à travers la fenêtre. Nous voilà réunis dans l'attente d'une explication.

Il est seul avec les gendarmes, dehors. Je le vois s'agiter, bouger ses mains, faire de grands gestes. Puis, quelques minutes plus tard, *il* vient nous informer qu'*il* doit partir avec les gendarmes mais qu'*il* rentrera très bientôt.

Il est monté dans la voiture des forces de l'ordre et *il* est resté en garde à vue toute la nuit. Le lendemain, *il* était de retour. Nous n'avons jamais su le fin mot de l'histoire.

Parallèlement à tout ça, mon frère et moi n'avions plus de nouvelles de notre père. La procédure de divorce avait été compliquée et longue. Nos parents avaient du mal à s'accorder et, pour ce que j'en sais, notre père ne versait pas la pension alimentaire prévue.

Quand nous étions encore petits, il nous arrivait encore de le voir pendant les vacances scolaires. L'été, il nous emmenait au camping, accompagné de nos grands-parents et de nos cousins et cousines. Ces moments étaient aussi rares que précieux, et je n'en garde que de bons souvenirs. Ensuite, nous l'avons vu de temps en temps le week-end, juste après la séparation. Mais comme il vivait désormais à Rennes, c'était de plus en plus compliqué. Il a rencontré quelqu'un avec qui il a refait sa vie et a eu deux autres enfants. En fin de compte, j'avais donc deux autres demi-frères dont j'ignorais presque tout et avec qui je n'ai tissé aucun lien.

Petit à petit, au fil des années, les nouvelles se sont faites rares, jusqu'à se tarir.

Il m'arrivait de m'endormir le soir en espérant qu'il s'apercevrait de quelque chose et qu'il viendrait nous sortir de cette spirale de violence. D'autres fois, je sombrais dans le sommeil en me disant qu'il nous avait abandonnés et que nous allions rester bloqués ici pendant encore des lustres. Malheureusement, c'est la deuxième option qui se confirma.

En effet, entre les années qui défilaient et les nouvelles qui cessaient de nous parvenir, il a fallu nous rendre à l'évidence : il était inutile de compter sur lui. Nous étions bel et bien coincés à la maison, sans la moindre perspective de pouvoir quitter cet environnement malsain. Notre seule porte de sortie s'était refermée chaque jour un peu plus, jusqu'à être totalement scellée quand les nouvelles cessèrent de nous parvenir.

Or un beau jour, des années plus tard, quelle ne fut pas notre surprise et notre joie lorsque son amie nous a contactés et nous a raconté combien notre père lui parlait de nous, à quel point il nous aimait et qu'il souhaitait nous voir. Malheureusement, à ces paroles ne succéda aucun acte. Et une fois balayé ce faux espoir, tout redevint exactement comme avant.

Chapitre 9

« L'action est l'antidote du désespoir. »
Joan Baez

La peur ne me lâchait pas et je faisais toujours plus de cauchemars. Une nuit, une chose très étrange m'est arrivée.

Je suis allongée sur le dos, dans mon lit. Je viens de faire un cauchemar et je tente de me lever mais c'est impossible. Je tente de remuer mon corps mais il reste inerte. Je ne peux ni tourner la tête ni lever le bras ou la jambe. Je suis comme pétrifiée. Prise de panique, j'essaie alors d'appeler à l'aide, mais aucun son ne sort de ma bouche. Je veux crier, hurler… Toujours rien. Je commence alors à me dire que je suis paralysée et que je ne pourrais plus jamais bouger.

J'essaie de me calmer en prenant de grandes inspirations. Je reprends mon souffle puis je fais une nouvelle tentative. Cette fois, je sens que, petit à petit, j'arrive à tourner la tête et à bouger mon corps, même si ça m'est difficile. Après m'être passé en boucle cette expérience et être parvenue à me calmer, je finis par me rendormir.

Évidemment, lorsque j'évoque le sujet, personne ne me prend au sérieux : ce n'est qu'un rêve, une invention… Mais moi, je connais la vérité et j'ai vraiment eu l'impression de rester « coincée » dans mon corps.

Il m'a fallu attendre de nombreuses années, lors de ma première année de fac de sport, pour enfin comprendre de quoi il s'agissait. En plein cours de psychologie, le professeur fait défiler des diapos sur différents thèmes. Tant bien que mal, je m'efforce d'ingurgiter le cours jusqu'à ce que s'affiche une diapo qui parle des troubles du sommeil. Y sont cités le somnambulisme, les insomnies, les cauchemars... et la paralysie du sommeil. À la lecture des symptômes, je constate qu'ils correspondent à la perfection avec ce que j'ai ressenti durant cette crise inquiétante, cette nuit-là. Sur la diapo, il est expliqué que les muscles sont tellement contractés qu'ils se tétanisent, provoquant une paralysie. Je suis véritablement rassurée de savoir que je ne suis pas folle, et de savoir que, ce que j'ai vécu, d'autres l'ont également vécu. C'est d'autant plus important pour moi que ces épisodes vont se répéter pendant un certain temps.

Je constate également pendant ce cours que je souffre de bon nombre des troubles du sommeil évoqués. Le somnambulisme a plus ou moins disparu, mais il a laissé place à de fréquentes insomnies, à des cauchemars et à ces fameuses crises de paralysie du sommeil. C'est de cette manière que mon corps exprime alors les tensions auxquelles il est soumis.

Dès le moment où je l'ai vu pour la première fois, j'ai vécu dans la peur et la terreur. Chaque matin, je me levais avec la boule au ventre ; j'étais soumise à une pression constante et impossible à évacuer. Ma première pensée au saut du lit consistait à me demander comment allait se passer la journée à venir. En descendant le matin au rez-de-chaussée, je sondais son regard, ses attitudes pour savoir comment il convenait de me comporter.

En cette soirée d'hiver, peu importe notre comportement : *il* a décidé de nous faire du mal. La nuit est tombée, l'heure du repas approche et nous avons déplacé la table de la salle à manger dans le salon pour regarder tous ensemble un spectacle à la télé. Chacun est à sa place, assis sur sa chaise, et nous avons commencé à nous servir tout en suivant le spectacle de l'humoriste qui passe à la télé. Le dîner se poursuit, ponctué des éclats de rire que provoquent les blagues et les anecdotes racontées. Le spectacle terminé, nous prolongeons entre nous le débat sur telle ou telle question, mais « tout le monde » ne partage pas le même avis. Je sens alors mon ventre se nouer, car je sais. Je sais exactement comment cela va finir. Cependant, je suis encore loin d'imaginer que la scène à laquelle je vais assister est l'une des plus choquantes de ma vie.

Alors que nous sommes encore tous attablés, le ton commence à monter jusqu'à se faire menaçant. Sa fille, Alex et moi n'osons plus ouvrir la bouche ni même lever les yeux ; nous espérons que, grâce à cette attitude, l'ambiance finira pas se détendre et que l'on évitera le pire. Mais, malgré nos efforts, cela ne suffit pas.

Les cris et les insultes commencent à pleuvoir. *Il* s'empare de ce qu'il y a sur la table et envoie tout à l'autre bout de la pièce avec une telle force que les objets éclatent en mille morceaux. Nous n'avons qu'une envie : bouger, nous cacher, nous protéger. Mais la peur nous fige. Les larmes ruissellent sur nos joues en silence. Nous ne pouvons rien faire d'autre qu'espérer qu'*il* va se calmer le plus rapidement possible.

Ils se poursuivent autour de la table en hurlant, ils se menacent et se bousculent. Ses yeux commencent à changer. Ils s'agrandissent, et je sens à ce moment-là qu'*il* est capable de tout. Plus rien ne va l'arrêter. *Il* se met face à ma mère qui, emportée par son énervement, continue d'argumenter. Elle recule alors, protégeant son visage avec ses bras. Mais lui continue d'avancer tout en la sommant de changer d'avis tout de suite, sans quoi *il* va lui faire très mal. Voyant qu'*il* ne renonce pas, elle se retourne et part en courant dans la maison pour lui échapper. Elle réussit à atteindre la salle de bains, mais elle n'est pas assez rapide. *Il* bloque la porte, s'engouffre dans la pièce avec elle et referme derrière lui. Puis un silence glaçant tombe.

Ce calme soudain est tout aussi angoissant que le vacarme qui régnait quelques secondes auparavant. Voyant la tournure que prennent les événements, nous nous levons de table et, nous approchant de la salle de bains sur la pointe des pieds, nous tentons de savoir ce qu'il s'y passe. Nous étouffons nos pleurs et nos cris, et nous nous faisons les plus discrets possible. Malgré tous nos efforts, *il* nous entend. *Il* sort, s'empare de ce qu'il lui tombe sous la main – des chaussures – et nous pourchasse dans la maison tout en lançant ses munitions sur nous.

Après nous avoir effrayés, *il* retourne s'occuper de ma mère, que nous n'avons toujours pas revue. Un premier cri retentit alors. Elle n'a pas réussi à lui échapper : *il* la retenait prisonnière dans la salle de bains. Un deuxième cri, puis un troisième. Des coups…

Surmontant ma peur, je décide alors de frapper à la porte de la salle de bains. Je hurle et lui demande, le supplie de s'arrêter. Au bout de quelques secondes interminables, *il* ouvre la porte avec une telle violence que j'en perds l'équilibre. Je croise son regard hautain et, prise de panique à l'idée de ce qui est sur le point de m'arriver, je pars en courant me réfugier dans le salon. *Il* me suit, des chaussures à la main pour me frapper, mais je suis bien décidée à ne pas me laisser faire. Tout d'abord, *il* essaie de me rattraper tout en projetant sur moi les objets qu'*il* empoigne à la hâte. Puis *il* décide qu'*il* a autre chose de plus important à faire. Tout en hurlant comme un fou, *il* se dirige de nouveau vers la salle de bains. *Il* ferme la porte, et nous nous retrouvons impuissants face aux cris et au bruit des coups qui transpercent la porte.

Tout à coup, un énorme fracas me glace le sang. Et puis je comprends. Dans la salle de bains se trouvent deux vasques surplombées de deux très grands miroirs. *Il* vient d'en briser au moins un, voire les deux. Je me jette sur la porte, je frappe et je hurle de toutes mes forces, lui demandant une énième fois de s'arrêter. *Il* déverrouille la porte, sort et, nous lançant un regard qui nous glace l'échine, nous ordonne de monter immédiatement dans nos chambres. Puis *il* se retourne et referme la porte, désormais seul avec son unique défouloir : ma mère.

Apeuré, chacun de nous rejoint sa chambre. Mon frère s'arrête au premier étage, tandis que sa fille et moi montons jusqu'au second étage. Je fais les cent pas en tentant de trouver une solution pour mettre un terme à ce cauchemar. Je suis perdue : dois-je rester ici, totalement impuissante, ou courir le risque de désobéir encore une fois et aller voir ce qu'il se passe ? Les hurlements qui me parviennent sont tels qu'il m'est impossible de rester sans rien faire : la peur au ventre, je descends les escaliers jusqu'au premier étage.

Arrivée là, je tente de rassurer mon frère, en larmes dans son lit. La gorge nouée, je lui dis en chuchotant :

— Je vais descendre et essayer de trouver un moyen de l'arrêter.

Ma voix tremble, mes gestes sont maladroits car la peur m'envahit, mais il faut agir maintenant. Que faire ? Je l'ignore. Mais il faut agir.

Je descends l'escalier du premier étage à pas de loup. La porte de la salle de bains se déverrouille et, pétrifiée, je m'immobilise. Mes jambes tremblent et je prie pour que cela ne fasse pas grincer les marches. La pénombre me protège et m'offre un semblant d'abri dans le coude de l'escalier. C'est alors que je l'entends qui marche et s'éloigne de la salle de bains. *Il* se dirige vers le salon, à l'autre bout de la maison. Peut-être descend-il prendre l'air ? Le cas échéant, je pourrais sortir de ma cachette. À moins qu'*il* ne s'en aille que pour quelques secondes seulement… Encore quelques marches et je parviens à voir la porte de la salle de bains, ouverte. Peut-être est-ce un signe du destin – je l'ignore –, mais, au moment où j'atteins les dernières marches, maman me tend son téléphone. Elle a eu la même idée : il faut mettre cette absence à profit pour agir. J'attrape le téléphone qu'elle me tend de sa main gauche, et je l'aperçois. Son pull est déchiré et elle retient les lambeaux de tissu de sa main droite. Immédiatement je remarque qu'elle est recouverte de traces rouge, puis mes yeux se posent sur son visage déformé par la peur.

Nos regards se croisent une fraction de seconde puis elle me dit en sanglotant :

— Prends-le et appelle quelqu'un, sinon il va me tuer.

Nous devons en rester là, car nous entendons déjà au loin *ses* pas qui résonnent. Elle retourne, effrayée, dans la salle de torture, et je remonte le plus rapidement possible sans me soucier du bruit que je risque de faire, cette fois-ci.

Une fois en haut, j'attends que mon cœur se calme et je m'assure qu'*il* ne me suit pas. *Il* n'est pas là, *il* est retourné à sa sombre besogne. Je sais que je dois agir vite, mais, malgré l'urgence de la situation, la terreur qu'*il* exerce sur nous m'empêche de réfléchir de manière rationnelle.

J'hésite sur la conduite à tenir : soit j'appelle quelqu'un et j'ai toutes les raisons de m'inquiéter pour la suite, soit je ne fais rien et maman meurt. Je décide d'appeler à l'aide et, dans le répertoire du téléphone, je choisis le numéro de ma tante, la sœur de maman, elle n'habite pas très loin. Je sélectionne son nom en priant pour qu'elle me réponde, c'est mon seul espoir. Une sonnerie, deux sonneries, trois… Alors que je suis sur le point de me résigner, j'entends une voix ensommeillée qui me répond enfin :

— Allô ?

— C'est moi ! Viens, s'il te plaît ! Vite, vite ! Sinon on va tous mourir !

— Doucement, je ne comprends rien… Moins vite, Marine.

J'essaie de me concentrer, de remettre mes idées dans l'ordre :

— *Il* va la tuer. *Il* va nous tuer ! Venez vite, s'il vous plaît !

— O.K., on arrive. Calme-toi, on part tout de suite.

Je raccroche et j'attends. Les quinze minutes qui suivent sont les plus longues de toute ma vie. Je ne tiens plus, mais je décide cette fois-ci de ne pas redescendre. J'ai l'impression que mes jambes vont se dérober, mes idées s'embrouillent et je n'arrive plus à réfléchir. Je marche, je pleure, j'attends, aux aguets. Parfois j'entends du bruit, des cris qui proviennent d'en bas. Et s'ensuivent des moments de silence tellement profonds que j'en ai la chair de poule. Ma mère va mourir, j'en suis certaine. Il faut qu'ils se dépêchent d'arriver, c'est vital.

Je scrute les alentours depuis le Velux jusqu'à ce que je distingue de la lumière au loin. Ils arrivent. La voiture roule au pas le long de l'allée et se gare dans la cour. Je dévale alors les escaliers. Au moment où j'atteins les dernières marches, ma tante et mon oncle frappent à la porte. *Il* sort de la salle de bains et nos regards se croisent. *Il* me dévisage de ses yeux noirs remplis de haine, des yeux que je n'oublierai jamais. *Il* vient de comprendre que c'est moi qui ai appelé à l'aide et se dirige vers la porte d'entrée.

Malgré la terreur, je parcours les dernières marches et pénètre dans la salle de bains. Elle est là, sur le bord de la baignoire, les bras en sang et les cheveux en bataille. Des morceaux de verre jonchent le sol. Ce que je craignais s'est produit : je peux apercevoir son soutien-gorge, car son pull lacéré ne recouvre plus sa peau. Elle est là sans l'être vraiment. De ses yeux hagards, elle regarde droit devant elle, sans s'arrêter sur quoi que ce soit de précis. Je lui parle mais elle ne répond pas. Je la touche mais elle ne réagit pas. Ma tante me rejoint dans la salle de bains. À son tour, elle essaie de la réveiller. Elle la soulève et on l'emmène dans la salle à manger. Les autres sont descendus, et nous nous retrouvons alors tous les cinq dans la pièce, essayant de comprendre. On s'efforce de rassembler nos esprits et de raconter comment s'est déroulée la soirée.

Les yeux débordant de larmes, j'ai supplié maman de partir :

— Il faut qu'on parte tout de suite d'ici, s'il te plaît !

Mais elle ne m'écoute pas vraiment, ses yeux sont encore dans le vague et elle n'entend rien. Pendant ce temps, le monstre est dehors avec mon oncle qui essaie de calmer la situation.

Ma tante nous a demandé de monter dans nos chambres, le temps qu'elles puissent discuter toutes les deux et prendre un peu l'air. Une fois en haut, j'éteins les lumières et ouvre les Velux pour pouvoir écouter leur conversation.

Ils sont assis tous les quatre sur un banc dans le jardin. De là où je suis, je peux les voir, mais impossible de discerner plus que quelques bribes de mots. Des excuses, des pleurs, etc. Ils s'éloignent et je dois me résoudre à fermer la fenêtre et à me coucher, car je n'entends plus rien. Le fait qu'ils ne soient plus que tous les deux me rassure : je me raccroche à cette pensée pour tenter de m'apaiser.

Tout à coup, un craquement me fait sursauter et j'entends la porte de notre chambre s'ouvrir. Je discerne des bruits de pas qui s'approchent, une silhouette qui se glisse vers nous. Je reconnais le bruit de ces pas : c'est *lui* ; *il* est là. *Il* avance, dans la pénombre, tout doucement. *Il* se dirige vers le Velux puis nous demande qui a appelé mon oncle et ma tante. Toute tremblante dans mon lit, les yeux baissés, je lui dis que c'est moi. Croyant qu'*il* va s'excuser, je me risque à croiser ses yeux. Mais *il* nous décoche son sourire mauvais et, avec un regard de fou, nous dit :

— Vous n'auriez jamais dû faire ça. Maintenant, vous allez le regretter.

Il tourne les talons et s'en va, nous laissant en proie au doute et à l'incompréhension.

Plus tard, j'apprends que, après l'avoir rouée de coups durant de longues heures, *il* a tenté de l'étrangler à plusieurs reprises. Tentative de meurtre. *Il* aurait dû être arrêté à ce moment-là, mais *il* a réussi à s'en sortir, une fois encore.

La fatigue a raison de moi ce soir-là et je finis par sombrer dans le sommeil, mais plus rien ne sera jamais pareil.

Chapitre 10

« Plan B. »

Quand je me réveille le lendemain, je me demande si tout ce qu'on vient de vivre est un cauchemar ou la triste réalité. Malheureusement, les bleus que porte ma mère et l'atmosphère pesante qui règne attestent que tout cela est bien réel.

Lui ne va pas au travail, ce jour-là, alors que nous trois, nous nous rendons au collège et au lycée comme si de rien n'était. Alors que j'arrive tout juste, je suis en état second, encore sonnée, et vidée de toute énergie. Je ne sais plus quoi faire. Mes tentatives pour raisonner ma mère sont vaines : elle ne veut – ou ne peut – pas partir.

Ce matin, mon emploi du temps prévoit un cours ou deux, puis une séance de cinéma avant le déjeuner. Alors que je suis assise sur ma chaise pour assister au premier cours de la journée, je prends conscience que, cette fois-ci, je ne vais pas pouvoir faire semblant. Je ne vais pas pouvoir rester comme ça sans rien laisser transparaître jusqu'au soir. Il faut que je parle, que je trouve une solution.

Lorsque je retrouve mon amie après le premier cours, je lui dis que ça ne va pas. Je lui raconte la soirée d'horreur que nous avons vécue. Choquée, mais à mon écoute, elle m'encourage avec douceur à poursuivre mon récit. C'est après le deuxième cours que je lui décris tout en détail. Sur le chemin du cinéma, nous décidons alors de bifurquer et de « sécher » – pour la première fois de ma vie. Alors que je lui raconte tout, je m'effondre et mes larmes semblent intarissables. Je lui dis que je n'en peux plus, mais je lui explique aussi pourquoi je redoute de parler de tout ça à quelqu'un, que les répercussions – *ses* représailles – me terrorisent.

Après m'avoir patiemment écoutée, elle me promet de garder tout ça pour elle tant que je le juge nécessaire. Nous avons alors une idée : il faut que j'écrive une lettre dans laquelle je récapitule tout ce qu'il se passe, et que je la confie à quelqu'un pour le dénoncer.

La journée de cours s'achève, ils viennent nous chercher en voiture. Je grimpe à l'intérieur ; l'atmosphère est lugubre. Les regards sont fuyants, chacun s'isole dans sa bulle. *Il* raconte qu'*il* a acheté un cadeau à maman et que tout ça ne se reproduira plus jamais. *Il* s'efforce de se montrer chaleureux et de faire amende honorable, nous faisant part de ses regrets. Mais je sais très bien que tout cela n'est que de la poudre aux yeux, pas question qu'*il* me berne encore avec son cinéma. Tout au fond de moi, la colère et la haine se mêlent et bouillonnent : aux yeux de tous, visiblement, le voilà redevenu gentil, tout semble déjà oublié. En ce qui me concerne, c'est fini : hors de question que je passe l'éponge comme ça.

Quelques jours plus tard, je me mets à rédiger ma lettre, sans savoir encore qui en sera le destinataire.

Il fait profil bas pendant plusieurs jours dans l'espoir de se racheter, ou plutôt que l'on oublie tout ce qui s'est passé. En ce qui me concerne, la coupe est pleine.

Après avoir terminé ma lettre, je décide de la cacher dans ma chambre. Je la glisser parmi plein de feuilles de cours, dans un tiroir de mon bureau. Comme nos chambres sont passées au peigne fin chaque jour, nous n'avons d'autre choix que faire preuve d'une extrême prudence et de déployer des trésors d'ingéniosité pour espérer préserver un tant soit peu notre jardin secret.

Un jour, alors qu'*il* est occupé, maman vient me voir pour discuter. Je suis un peu surprise, car ça ne lui ressemble pas. Une bouffée d'espoir m'envahit : peut-être a-t-elle enfin pris conscience de la gravité de la situation et a-t-elle décidé qu'il est temps de s'en aller !

En fait non, retour à la réalité… et l'atterrissage est violent. Elle souhaite me parler de ma lettre. Quelques jours plus tôt, lors de leur fouille quotidienne, elle l'a trouvée. Elle l'a lue puis l'a reposée à sa place, sans rien dire à personne. Elle s'installe sur mon lit et aborde le sujet sans prendre la peine de tourner autour du pot :

— Que comptes-tu faire de la lettre que tu as écrite ?

Tout d'abord, je fais mine de nier les faits. Mais, rapidement, je lui glisse, avec un sourire confiant :

— Je compte la donner à une amie ! Une fois qu'elle l'aura lue, elle pourra alerter quelqu'un qui pourra alors nous sauver, maman !

— Tu ne peux pas faire ça. Il faut que je lui en parle.

— Comment ça, tu dois lui en parler ? Je lui demande, interloquée. C'est la seule solution pour qu'on s'en sorte ! Tu ne peux pas nous enlever cette chance. Je t'en prie !

— Je n'ai pas le choix. Maintenant que je suis au courant, je suis obligée de lui dire. Tu ne peux pas l'accuser comme ça, et encore moins dans son dos.

Complètement abasourdie, je la laisse quitter ma chambre sans ajouter un mot.

Et ce qui devait arriver arriva. Un samedi matin où j'ai cours, on me dépose à l'arrêt de bus, comme d'habitude. Tout se passe plutôt bien, cette matinée est le seul moment où je ne me sens pas observée, car c'est son jour de repos. Les cours achevés et les quarante minutes de trajet avalées, j'arrive à destination. Sa voiture est déjà garée là. Ils sont là tous les deux ; leurs visages fermés ne laissent rien présager de bon. *Il* exhibe la lettre et me demande des explications. Je sens ma boule au ventre qui revient. Maintenant qu'*il* est au courant, *il* va vouloir se venger. *Il* va me tuer ou me faire souffrir. *Il* a compris que je vois clair dans son jeu et *il* va vouloir me le faire payer. Je me mets à bégayer, bredouillant des explications et des excuses. Et puis, en fin de compte, tout ce que je pense figure là, noir sur blanc sur cette lettre : à quoi bon nier ? *Il* me dit que ce que je raconte risque de lui causer des problèmes avec la police, que je ne peux pas faire ça, surtout pour les petits – comment feraient-ils sans leur père ? Après tout, moi, je sais bien ce que ça fait de ne pas avoir de père.

Ils ont cherché tous les deux à me faire culpabiliser pour que je ne recommence plus et que je m'enlève cette idée de la tête une bonne fois pour toutes.

Moi, je suis sonnée. Je n'en reviens pas. Elle lui a dit. Comment est-ce possible ? J'ai essayé, avec mes maigres moyens, de nous sauver, de nous tirer de cet enfer, et elle a tout gâché. Je lui en veux terriblement de nous laisser encore vivre avec ce monstre.

Quant à lui, vexé et soi-disant déçu, *il* décide de bouder et de ne plus m'adresser la parole pendant plusieurs jours. Et évidemment, maman fait de même. J'ai ainsi passé plus d'une semaine seule, dans leur indifférence.

Quelques mois plus tard, on nous a annoncé que nous allions une nouvelle fois déménager. *Il* allait demander sa mutation, et nous allions partir vivre ailleurs, dans une ville près de Mâcon, en Saône-et-Loire, à huit cents kilomètres de là.

Il devait probablement commencer à être un peu trop connu dans le coin. Ses anciennes compagnes, dont son ex- femmes, avaient déjà été voir les gendarmes pour dénoncer des actes de violences conjugales – en vain. *Il* a eu des problèmes également dans le Finistère, là où nous vivions. Puis il y avait eu la garde à vue pour les histoires avec le salon de tatouage. Peut-être que cela devenait trop « risqué » pour lui de rester ici ? *Il* cherchait à prendre un nouveau départ ailleurs, loin de toutes ces menaces qui s'accumulaient et pesaient sur *lui*.

Nous voilà une fois de plus contraints de quitter nos amis et de tirer un trait sur nos habitudes pour partir loin, très loin, où notre calvaire recommencera.

Chapitre 11

« Certaines personnes ne trouvent leur salut qu'en semant la terreur. »
Mouctar Keïta

J'ai seize ans quand je découvre cette nouvelle ville voisine de Mâcon, dans l'est de la France. Nous n'avons pas vu la maison dans laquelle nous allons habiter, mais *lui* l'a choisie il y a déjà plusieurs mois. C'est l'été quand nous débarquons avec nos affaires, nos cartons et nous souvenirs, en vue de nous installer définitivement.

La maison est ancienne, sombre et peu accueillante. Sa fille et moi serons installées dans la dépendance accolée à la maison. Les deux bâtiments se jouxtent mais ne communiquent pas directement : aucun accès ne les relie. Nous allons nous retrouver totalement isolées de la vie de la maison passé le dîner. Cet endroit est vieux, sale et lugubre. Certes, des travaux de rénovation vont être faits, mais d'ici là il nous faut nous résoudre à vivre dans ce taudis.

Avec la fin de l'été vint l'heure de la découverte de mon nouveau lycée et de mes nouveaux camarades. Surmontant une fois de plus ma peur de l'inconnu, je me fis rapidement des amis. Et, grande nouvelle : cette fois-ci, j'allais enfin être seule ! *Il* ne serait plus là pour nous observer. *Il* avait été muté dans un lycée de Mâcon, tandis que nous étions inscrits au lycée du coin, bien plus proche.

Sa fille avait complètement arrêté l'école, et mon frère allait encore au collège, donc j'étais seule dans ce nouvel environnement.

Très vite, ils se sont liés d'amitié avec un couple. Ils avaient l'habitude de sortir, nous confiant alors la garde des petits à la maison. À un moment, j'avais alors seize ans, l'envie de m'émanciper, de profiter de la vie m'a démangée. J'ai rencontré un garçon – quelqu'un de bien – et entamé une relation avec lui. Grâce à cette stabilité, j'ai trouvé la force de me battre.

Les travaux touchent peu à peu à leur fin. Désormais, on peut accéder directement à la fameuse dépendance. Hier notre chambre, elle est devenue la leur : il s'agit maintenant d'une suite parentale possédant sa propre salle de bains. Les chambres des enfants se trouvent sans exception dans l'autre partie de la maison, à l'étage. Le salon a été converti en salon de tatouage, surmonté d'une mezzanine qui lui sert de bureau.

L'été, la chaleur est intense dans la région. Nous ne sommes pas habitués à de telles températures. Pour pouvoir nous rafraîchir un peu, une piscine a été installée dans le jardin. Quand nous nous baignons, il lui arrive d'attraper l'un des garçons et, pour le faire rire, de le soulever hors de l'eau avant de le projeter plus loin. Les petits trouvent ça drôle et adorent ça. Au contraire, je n'aime pas particulièrement l'eau : je ne vais dans la piscine que pour me rafraîchir ou barboter. Chose qu'*il* sait pertinemment.

Un après-midi, alors que nous sommes en train de nous amuser dans la piscine, *il* décide de se joindre à nous. *Il* saute et nous éclabousse. Pour « rigoler », *il* me met la tête sous l'eau. Lorsque je veux remonter à la surface, je sens qu'*il* exerce une pression sur ma nuque. Je manque d'air et je commence à suffoquer et à paniquer. Je ne suis pas assez forte pour lui échapper. Au bout de plusieurs secondes – une véritable éternité ! –, il relâche enfin son étreinte. Quand je me redresse, à bout de souffle, *il* est mort de rire. Je me précipite hors de l'eau et je me fais la promesse de ne plus jamais mettre les pieds dans la piscine lorsqu'*il* y est.

Ses actes pervers se répètent encore et encore, *il* veille à ce que la peur règne constamment. La présence de ma mère ne semble pas le gêner le moins du monde. De toute façon, soit elle ne voit rien, soit elle occulte ce à quoi elle assiste par peur des représailles.

Dès que j'en ai l'occasion, je m'échappe de cette maison pour me réfugier chez les parents de mon copain.

Je me sens alors coupable de ne pas être là pour protéger mes frères et sœurs. Je suis écartelée entre cette culpabilité qui me ronge et l'envie de vivre enfin.

Arriva la terminale : l'année du bac et le moment de choisir vers quelles études supérieures me tourner. Comme je souhaitais devenir professeur de sport, je me suis tout naturellement orientée vers des études à la fac.

Là aussi, il a fallu batailler. *Il* ne voulait pas que je fasse d'études, *il* souhaitait que je reste enfermée dans cette vie, ce cocon malsain, que je trouve un emploi au plus vite et que je me débrouille par mes propres moyens. Je travaillais déjà l'été et je comptais bien continuer à le faire pour me payer mes études. Au terme d'âpres négociations, j'ai eu gain de cause : j'ai pu aller à la fac et, étant bénéficiaire d'une bourse, j'ai pu accéder à un logement étudiant.

À ce moment-là, voilà un peu plus d'un an que je suis en couple et que je passe moins de temps à la maison. C'est là que je découvre petit à petit ce qu'est une vie normale.

Lorsque je me rends chez les parents de mon ami, je me sens aimée et écoutée. Le moindre de mes doutes ou la moindre de mes questions sont pris en compte : je me sens sereine et en sécurité. Dans les premiers mois de notre relation, j'avais pour habitude de ne rien faire sans demander la permission ; j'avais besoin d'être rassurée tout le temps. J'ai appris petit à petit que ce qui cimente un couple, ce n'est pas la soumission mais la communication.

En fin de compte, je suis persuadée que ces personnes ont croisé ma route au bon moment. Ils ont été ma béquille quand j'en avais le plus besoin. À leurs côtés, je trouve enfin du réconfort et je me sens en quelque sorte valorisée. Ça me fait tellement de bien ! Évidemment, je n'évoque jamais ce qu'il se passe chez moi, car je crains leurs regards et leurs réactions. Ce sont des gens bien : pas question de leur attirer des ennuis.

J'ai le sentiment de mener une espèce de double vie, telle une pièce qui aurait une face cauchemardesque et une face saine. C'est grâce à ce semblant de stabilité que j'ai pu continuer d'avancer et de supporter les horreurs qui m'attendaient encore.

Mon bac mention assez bien en poche, la vie d'étudiante s'offre à moi. Je travaille tout l'été afin d'économiser assez d'argent pour assurer mes dépenses durant les mois à venir. La rentrée arrive, un appartement m'est attribué, et me voici libre !

Libre physiquement, délivrée du poids de cette ombre qui rôde et m'observe sans relâche, certes. Mais libre psychologiquement, pas encore. Je suis obsédée par ce qui risque de se produire en mon absence.

Je vis le fait d'être loin comme un déchirement : je suis à la fois comblée d'embrasser cette nouvelle vie qui me tend les bras, mais en même temps je culpabilise de laisser ma mère seule, livrée à elle-même.

Malgré tout, la vie d'étudiante me plaît et j'en savoure chaque seconde. Je rencontre du monde, me fais de nouveaux amis, poursuis les études que j'ai tant souhaitées, et mon copain du moment vit avec moi lorsque ses propres études le lui permettent. Tout est normal, en apparence. Mais au fond de moi, cette boule au ventre ne me quitte jamais ; j'apprends juste à l'amadouer, à vivre avec.

J'enchaîne les heures de conduite pour avoir mon permis le plus rapidement possible et pouvoir ensuite me déplacer par mes propres moyens. Je m'occupe aussi par moi-même des papiers administratifs, des demandes de mutuelle, d'assurance de voiture, d'inscription à tel ou tel endroit. À cette époque, c'est un vrai casse-tête pour moi, car je n'y connais absolument rien !

Je dois me débrouiller pour vivre décemment grâce aux économies que j'ai faites durant l'été et aux 450 euros de bourse que je touche chaque mois. C'est tout ce dont je dispose pour payer mes différents frais – loyer, électricité, permis, courses, frais universitaires – et mes soins. Lentement mais sûrement, mes économies s'amenuisent, et durant les mois qui suivent m'attendent des périodes plutôt délicates. La première année, mon copain m'aide lorsqu'il le peut, mais cela me met mal à l'aise. Je préfère me serrer la ceinture plutôt que de dépendre de lui.

Plusieurs fois, mes dents me font souffrir et ma joue gonfle énormément. Après des mois d'attente, je consulte un dentiste qui m'annonce qu'il va falloir retirer au moins trois dents de sagesse. Comme je n'ai absolument pas les moyens de me payer une intervention, je reporte encore et encore l'échéance, dans l'espoir d'avoir assez économisé le mois d'après.

Mon permis en poche, je peux enfin avoir une voiture. Du moins, en théorie, car je ne suis pas vraiment en mesure d'assumer les frais que cela représente. Ils sont d'accord pour m'aider, mais mon budget est serré. Après quelques recherches, je déniche une R5 rouge et plus vieille que moi. Ce sera ma première voiture.

Grâce à elle, je peux maintenant me rendre à la maison le week-end. Parfois nous allons chez les parents de mon copain, parfois chez moi. Mais comme j'ai quitté la maison, la disposition des chambres a changé, et ma chambre a en parti disparu. J'ai donc fini par passer de moins en moins de temps à la maison.

Maintenant qu'elle s'est familiarisée avec cette nouvelle région et que tous les enfants sont scolarisés, ma mère décide de retrouver un travail. Forcément, *il* n'est pas emballé par cette idée, mais ils finissent par s'entendre sur un compromis. *Il* lui trouve un emploi de femme de ménage dans le lycée où *il* travaille. Ravie de reprendre une activité professionnelle, elle accepte le poste. Même s'ils n'ont pas les mêmes horaires, *il* peut ainsi l'avoir à l'œil : connaître ses collègues, savoir à qui elle parle et où elle va. *Il* resserre encore un peu son étau sur elle.

Ce week-end-là, j'ai prévu de me rendre chez eux. Je me gare, sors de la voiture et me dirige vers la maison. À peine ai-je poussé la porte d'entrée que je sens que quelque chose cloche. Ma mère n'est pas comme d'habitude, son regard est fuyant. Je sais sur-le-champ qu'il y a un problème. Il me faut attendre qu'*il* s'éclipse dans son salon, où un client l'attend pour un rendez-vous, pour que maman m'explique ce qui ne va pas.

Quelques jours plus tôt, en faisant le ménage à la maison, elle est tombée sur un document qui lui a glacé le sang. Au milieu de plusieurs courriers et autres factures se trouvait une lettre. Une lettre qu'avait écrite son mari, ce monstre. *Il* y racontait qu'*il* ne nous supportait pas, qu'*il* voulait la tuer, elle, « cette salope », « cette pute », et la voir souffrir. *Il* décrivait en détail les idées horribles qui avaient germé dans son esprit désaxé pour en finir avec elle. Je l'écoute me relater tout ça, le corps parcouru de frissons. Est-ce que c'est vrai ? Va-t-*il* mettre ses projets à exécution ? Le danger est-il imminent ?

Je suis abasourdie. Alors que j'écoute son récit, je songe que, malheureusement, *il* est tout à fait capable de passer à l'acte. C'est un malade, un fou, et j'ai le pressentiment que quelque chose de grave est sur le point de se produire. Malheureusement, maman n'a pas pensé à prendre ces lettres en photo.

Quelque chose dans cette histoire me fait tiquer, cela dit. *Il* sait qu'elle fait le ménage dans *son* bureau, donc *il* sait qu'elle va tomber sur cette lettre – qui n'était pas vraiment cachée. Au bout de toutes ces années depuis lesquelles *il* nous fait du mal, pour quelle raison commettrait-*il* maintenant l'erreur de laisser traîner cette lettre ? J'ai du mal à y croire : je pense au contraire qu'*il* souhaitait qu'elle la trouve « par hasard » pour lui faire peur.

Le message est clair : si elle bouge, si elle le quitte, si elle fait quoi que ce soit de susceptible de le contrarier, *il* sévira. Afin de dissiper tout malentendu, *il* lui donne des détails sur ce qui l'attend en guise de sanction. Une nouvelle fois, son plan fonctionne, *il* a atteint son but : elle n'a jamais pris de photos et je n'ai plus jamais entendu parler de cette lettre.

Chapitre 12

« Le choix d'une liberté n'est pas aisé à faire lorsque l'on est soi-même sous l'emprise de faux-semblants. »
Thérèse Renaud

Voilà que leurs envies de déménagement les reprennent. Ils travaillent maintenant tous les deux au sein du même collège, où un logement de fonction vient de se libérer. Il s'agit d'un appartement confortable, lumineux, disposant de trois chambres spacieuses et de deux salles de bains. Leur décision est prise, et c'est reparti pour les cartons et tout le reste.

De mon côté, je termine ma première année de fac en validant mes semestres. Après avoir obtenu mon permis de conduire, j'ai décroché un poste d'équipier au McDonald's : j'y travaille de mai à fin août. Le week-end, à la fin de mon service, je file retrouver mon copain et je dors chez ses parents – l'été, on doit libérer les logements étudiants, donc je n'ai plus d'hébergement à ce moment-là. Voilà pourquoi, je n'ai pas vu venir ce qui m'attendait.

C'est l'été, et je travaille donc chaque jour. Mes horaires sont décalés, comme aux mois de mai et juin. Un jour, pendant ma pause, je vais rejoindre ma mère pour visiter ce nouvel appartement. Sitôt la porte franchie, la visite commence. La cuisine est à gauche, le salon et la salle à manger en face, les chambres et les salles de bains sur la droite. Arrivée à la fin du couloir, je demande à ma mère :

— Où est ma chambre ?

— Tu n'en as pas, m'annonce-t-elle avant d'ajouter, cherchant à se justifier : Tu ne vis quasiment plus ici, ça ne sert à rien ! Et puis, apparemment, c'est mieux ailleurs, il n'y a donc plus de place pour toi. Quand tu viendras nous voir, nous mettrons un matelas par terre dans la chambre de ton frère.

La jalousie que je sens poindre dans sa voix et son air glacial m'achèvent.

Je suis atterrée, je sens les larmes me monter aux yeux. Je viens ni plus ni moins d'être mise à la porte de chez moi, comme ça, sans prévenir. Heureusement, je peux encore aller chez les parents de mon ami, où je sais que je serai accueillie les bras ouverts. Je fonds en larmes, tout en me demandant comment ma mère peut me faire une chose pareille. Comment peut-elle me zapper comme ça, prendre des décisions qui me mettent dans les ennuis jusqu'au cou et me laisser livrée à moi-même pour trouver comment m'en sortir ?

Je pars en claquant la porte, je bondis dans ma voiture et appelle mon copain pour lui expliquer la situation. Pour lui ce n'est pas une problème : je vais aller m'installer chez eux jusqu'à ce que je retrouve mon appartement étudiant à la rentrée.

J'ai la douloureuse impression que ma mère m'abandonne encore une fois. J'ai beau essayer de relativiser, de nouveau, elle vient de me poignarder dans le dos. À partir de ce moment-là, je prends un peu mes distances et viens moins aux nouvelles. Elle ne m'appelle pas non plus.

Quelques jours plus tard, mon ami m'annonce qu'il vient de décrocher un travail à partir de la rentrée, mais que son poste se situe en Bretagne. Je suis ravie pour lui, mais la tristesse me submerge. Comment vais-je faire pour tenir le coup seule ici, pendant une année scolaire de plus ?

La fin de l'été approche et son contrat commence quelques jours plus tard. Je me demande alors où je vais vivre et dans quelles conditions. Vivre chez ses parents quand il est là est une chose, mais en son absence, c'est inenvisageable... Je suis complètement perdue, mon cerveau s'emballe. Que faire ? Comment ? Quand ?... Quand bien même ses parents me diraient que ça ne les dérange pas que je reste, je ne peux pas faire ça. La mort dans l'âme, je me suis donc résignée à reprendre contact avec ma mère pour lui annoncer que j'allais me retrouver sans domicile.

Le jour J arrive : mon ami part commencer son nouveau travail en Bretagne, tandis que moi, je continue ma routine au McDonald's. J'ai besoin d'un endroit où vivre pendant les prochains jours, et la solution qu'ils ont trouvée s'avère pour le moins déconcertante. Comme ils habitent au sein d'un collège-lycée qui dispose d'un internat, ils m'annoncent que je vais dormir dans une chambre que les surveillants occupent pendant l'année.

Ainsi, chaque soir, quand je rentre du boulot, je dois traverser le collège et passer devant chez eux, où je ne suis plus la bienvenue. J'arrive alors au pied d'un grand bâtiment, puis je dois monter un étage pour accéder à un long couloir bordé de chambres vides. Une fois à l'intérieur de ma « chambre », je dois bloquer la porte avec une chaise, car elle ne ferme même pas à clé. Évidemment, tout ça peut sembler un peu ridicule. Mais, croyez-moi, quand on arrive seule, la nuit, dans un grand bâtiment de ce genre, on a vite fait de ne pas se sentir très rassuré… J'ai dû supporter cette situation pendant plusieurs semaines avant d'enfin pouvoir partir et retrouver un appartement étudiant.

La rentrée est là et me voilà repartie pour une deuxième année de fac. Comme je suis seule, il m'arrive de passer le week-end chez eux. Dorénavant, comme annoncé, je dois me contenter d'un matelas sur le sol de la chambre de mon frère.

Les mois passent et voilà déjà un moment que maman se plaint d'une douleur sous le bras droit, au niveau de l'aisselle, et qu'elle sent comme des « boules » dans son sein. Inquiète, elle consulte une gynécologue qui se montre rassurante et lui explique que ce n'est pas parce que sa mère a eu un cancer du sein avant quarante ans qu'il en sera de même pour elle. À l'issue de ce rendez-vous, elle est toutefois perplexe. Le médecin sait de quoi il parle, certes, mais elle a le sentiment que quelque chose ne va pas. Elle préfère demander un avis complémentaire à un second docteur, qui lui fait passer des examens plus poussés. Le verdict est sans appel : elle a une quinzaine de ganglions sous le bras et quatre tumeurs au sein. Il faut agir au plus vite pour la sauver, et une mastectomie est programmée en urgence.

Je me rends à l'hôpital de Mâcon pour la soutenir de mon mieux. Comme elle est hospitalisée la veille de l'opération, nous pouvons rester auprès d'elle jusqu'au début de l'intervention. Les médicaments l'étourdissent, elle est agitée et ses propos sont incohérents. Nous l'accompagnons jusqu'à la porte du bloc opératoire et, les larmes aux yeux, la laissons aux soins des chirurgiens.

Après de longues heures, *lui* seul peut aller la voir le soir ; il nous faut attendre le lendemain matin. La nuit fut courte et lorsque nous la retrouvons un bandage à pris la place de son sein et elle nous annonce qu'elle va devoir attaquer la chimiothérapie très rapidement.

Quand je suis rentrée chez moi et que j'ai retrouvé mon petit appartement pour reprendre les cours, j'avais l'esprit ailleurs et le cœur lourd. Je prenais de ses nouvelles régulièrement et faisais de mon mieux pour la soutenir. L'année universitaire sembla s'éterniser. J'étais obnubilée par les problèmes de santé de maman, qui venaient s'ajouter à son quotidien sordide. J'espérais de tout mon cœur qu'elle guérirait rapidement.

Un matin, alors que je rêvasse en cours, je traîne sur les réseaux sociaux. Soudain je tombe sur une photo de ma mère sur Facebook, et c'est le choc : elle s'est rasé les cheveux ; elle est chauve. Je reste figée devant cette photo, estomaquée.

Je savais bien que cela arriverait tôt ou tard, mais entre savoir et voir, il y a un fossé. Comme les traitements provoquaient la chute de ses cheveux, elle avait préféré prendre les devants et régler le problème de manière radicale. Je redoutais tout autant le jour où j'allais la voir dans cet état en chair et en os. Quand cela se produisit, le choc fut tout aussi violent.

Alors que je franchis la porte d'entrée et que je m'avance vers le salon, je l'aperçois derrière la porte-fenêtre. Elle se retourne, et me voilà sonnée : elle n'a plus de cheveux, elle a perdu beaucoup de poids, elle n'a plus de cils ni de sourcils. Elle me montre la cicatrice qui remplace son sein et m'explique que son moral est en dents de scie. Je m'efforce de cacher ma tristesse, de la faire rire et sourire.

Cette seconde année de fac eut tout de même de bons côtés, car j'y ai rencontré de super personnes, mais fut une fois de plus ponctuée de son lot de mauvaises nouvelles et de moments difficiles.

L'année prochaine, je pars rejoindre mon ami. Je me suis décidée sans l'ombre d'une hésitation et j'ai commencé à chercher du travail pour les prochaines vacances d'été en Bretagne. Après avoir reçu plusieurs réponses négatives, je suis convoquée à un entretien pour être animatrice en juillet et début août. Tout se passe bien et je décroche le poste : je travaillerai donc dans un centre de loisirs dès le début de l'été. Dans la foulée, je m'inscris alors à la fac de Rennes pour y suivre ma troisième année de STAPS et c'est l'esprit serein que j'achève ma deuxième année.

Toutes ces bonnes nouvelles se fêtent, et je prends la route pour aller les annoncer à tout le monde un week-end où je suis seule. Malheureusement, l'ambiance n'est pas au beau fixe quand j'arrive à la maison : les visages sont fermés et les regards tristes. Dès que je vois ma mère, je comprends.

Une boursouflure déforme un côté de son visage. Le monstre a frappé tellement fort qu'il a laissé des marques, cette fois-ci. Comment peut-on faire une chose pareille ? Elle est faible, chauve, sa chimiothérapie la rend malade, et *il* persiste à faire régner la terreur et à la frapper encore et encore. Cette ordure ne lui laisse aucun répit. Et quoi que je dise à ma mère, quoi que je fasse pour qu'elle réagisse, elle en est incapable et reste auprès de lui.

Impuissante et démunie, j'entame ma nouvelle vie en Bretagne. Je commence un travail qui me plaît, je me fais des amis et je prépare ma troisième année de fac qui va bientôt débuter. Ma rentrée à Rennes se passe plutôt bien, mais cette année s'annonce différente. L'ambiance n'est pas la même, elle est moins conviviale, plus froide, et je me sens moins à l'aise. Cette année, pas besoin de prendre un appartement étudiant, puisque je vis à une quarantaine de minutes. Je fais donc le chemin chaque jour jusqu'à la fac en transport en commun.

Les premiers mois, les nouvelles de la maison se font moins fréquentes. Puis, un soir d'hiver, maman m'appelle. Après avoir échangé des banalités, elle me lâche de but en blanc :

— J'ai rencontré quelqu'un.

— Comment ça, tu as rencontré quelqu'un ? C'est qui, un ami ? Je lui demande, complètement abasourdie.

Entre deux sanglots, elle reprend :

— Non, ce n'est pas un ami, c'est plus que ça… On se voit depuis plusieurs semaines, maintenant. Je le rejoins pendant mon footing, chaque matin.

— Je le connais ?

— Non… Mais il me fait du bien et m'écoute. Il est là quand j'en ai besoin.

— Est-ce qu'*il* est au courant ?

— Je ne sais pas. Je pense qu'*il* s'en doute… Il faut que je *le* quitte !

Je suis ravie de cette nouvelle providentielle : après toutes ces années où je me suis battue pour ça, elle se lance enfin.

— Je suis avec toi.

Et, malgré son absence et les maigres nouvelles que j'ai reçues de sa part depuis des mois je la soutiens :

— Je vais t'aider. Il faut contacter des associations, appeler des centres spécialisés…

— Oui, il faut que… Je dois te laisser… *Il* arrive !

Avant que j'aie le temps d'ajouter un mot, la conversation est coupée. J'essaie de la rappeler sans succès.

J'ignore ce qu'il s'est passé cette nuit-là, mais j'étais morte d'inquiétude, et la nuit a été courte. Le lendemain matin, il est environ 8 heures et je viens à peine de m'asseoir sur les bancs de la fac quand je reçois un coup de téléphone. C'est *lui*.

— Alors comme ça tu cautionnes ce que fait ta mère ? Cette pute couche avec quelqu'un d'autre, et toi, tu lui dis que c'est bien ? Tu te prends pour qui, espèce de petite conne ? Tu crois que je vais te laisser faire ? Vous n'avez aucune valeur ! Vous allez me le payer.

Je tente de me justifier comme je peux, mais les larmes inondent mes joues. Je suis à la fois en colère et terrifiée. Je trouve un endroit calme et isolé, pour me mettre à l'écart de mes camarades de classe.

Sa voix change alors, son ton se fait doucereux quand il assène :

— Elle va quitter ce connard et rester avec moi, sinon elle va devoir se démerder toute seule. On verra qui chialera à ce moment-là en me suppliant de la laisser revenir.

Puis *il* raccroche.

Je tremble, je redoute le pire en pensant à tout ce qui pourrait être en train de se passer en ce moment même. Mais, impuissante, j'affiche mon plus beau sourire, je rejoins mes camarades et m'installe à ma place, comme si de rien n'était.

Chapitre 13

« Rien ne tue plus sûrement que de se contenter de survivre. »
Raoul Vaneigem – *Avertissement aux écoliers et lycéens*

L'année universitaire 2012 s'achève, et j'ai validé ma troisième année. C'est l'été et j'ai la possibilité de retourner travailler au centre de loisirs avant mes vacances. En août, nous partons en vacances en Corse. Il fait beau, il fait chaud, les amis sont là… Tous les ingrédients d'un séjour de rêve sont réunis, jusqu'à ce que l'on décide de faire une excursion en bateau jusqu'aux îles Lavezzi. Comme l'un de mes amis vient d'avoir son permis bateau, il nous propose d'en louer un et de nous y conduire.

N'étant pas rassurée en pleine mer, je préfère tout d'abord passer mon tour et patienter sur la terre ferme le temps de leur promenade. Mais devant l'insistance de tout le monde, je finis par céder. Au bout de quinze minutes, le pilote du bateau veut faire montre de ses talents à la barre. Il vire brutalement sur la gauche pour prendre les vagues d'un paquebot, qui nous heurtent de plein fouet. Il accélère et perd le contrôle de l'embarcation. Emporté par la houle et la vitesse, le bateau décolle et retombe sur l'eau avec une telle violence que je sens ma cheville se briser net.

Une fois remise de mes émotions, j'essaie de marcher mais je n'y arrive pas : impossible de m'appuyer sur ma jambe. Je l'observe et découvre alors qu'elle est enflée de la cheville jusqu'au genou. C'est alors que la douleur se réveille. Je m'allonge pour tenter de bouger ma cheville et mes orteils, mais j'en suis incapable tant ma jambe est tuméfiée.

Nous abrégeons la promenade pour que je me rende aux urgences. Au bout de plusieurs heures et après avoir eu droit à trois diagnostics différents, il s'avère que j'ai une fracture de la malléole. Je dois être rapatriée et me présenter à l'hôpital de Rennes pour y faire une nouvelle radio. Adieu la Corse, me voilà de retour en Bretagne : les vacances sont finies, pour moi.

Il subsiste néanmoins beaucoup d'incertitudes au sujet de la nature exacte de ma blessure. Finalement, les médecins m'expliquent que j'ai échappé de peu à l'opération et qu'un simple plâtre suffira pour que ma cheville se remette.

Nous sommes alors début septembre, et je vais devoir porter un plâtre pendant au moins quarante-cinq jours, sans oublier les longs mois de rééducation qui m'attendent ensuite. Impossible dans ces conditions de poursuivre mes études de sport à la fac : j'abandonne mon master et m'inscris à Pôle Emploi. La rééducation est longue, car mon tendon d'Achille met du temps à se rétablir. Lorsque les choses rentrent dans l'ordre, je reprends le travail au centre de loisirs, pour des remplacements dans un premier temps. Et puis, petit à petit, j'y interviens de manière régulière et je commence à travailler les mercredis et pendant les vacances scolaires.

Avant d'entamer ma rééducation, un autre événement s'est produit. Nous sommes allés à Mâcon pour rendre visite à la famille de mon ami et, par la même occasion, passer voir ma mère, mes frères et ma sœur. J'ai encore les béquilles et je ne peux me déplacer sans aide.

Après huit heures de route, nous arrivons dans sa famille et nous prévenons ma mère que nous irons les voir le lendemain. Quand nous arrivons comme prévu, je sens tout de suite qu'il y a un problème. J'ai même l'impression que nous les interrompons en pleine dispute. Leurs yeux et leur attitude les trahissent. Pourtant, ils réussissent tant bien que mal à sauver les apparences le temps de notre visite. Vient alors pour nous le moment de les quitter. Alors que je suis en bas de l'immeuble, j'aperçois ma mère qui me fait un dernier au revoir depuis le balcon. Ses yeux reflètent sa peur et semblent me supplier de faire quelque chose. Mais je dois partir, mon ami travaille le lendemain et, avec ma jambe dans le plâtre, je ne peux rien faire seule. Alors que je m'en vais, un funeste pressentiment m'assaille.

Nous sommes presque arrivés quand, alors que nous ne sommes plus qu'à un quart d'heure de la maison, mon téléphone sonne. Sur l'écran, le nom de ma mère s'affiche. Je décroche, toujours en proie à ce mauvais pressentiment. Elle est en larmes, elle m'explique qu'il vient de la frapper, de l'insulter et que c'en est trop, qu'elle n'en peut plus de tout ça. J'essaie de la raisonner et de lui proposer des solutions, mais elle m'annonce qu'elle vient d'avaler tout un tas de médicaments et que c'est fini, qu'on ne se reverra plus. Avant de raccrocher, elle clôt notre conversation par un lapidaire « Adieu ».

Je la rappelle sur-le-champ mais elle ne répond pas. Je suis sous le choc et impuissante. Mes béquilles m'empêchent de faire le chemin en sens inverse : je ne peux pas conduire. Les minutes passent sans que j'aie l'ombre d'une nouvelle. Je me sens perdue et démunie. J'appelle alors ma tante pour savoir si elle en sait plus, et ce n'est qu'au bout de plusieurs heures que je finis par apprendre qu'ils sont tous les deux à l'hôpital. Qu'a-t-il bien pu se passer pendant tout ce temps ?

Ma tante se montre rassurante :

— Il n'y a rien de grave.

Après mon départ, la dispute a repris et s'est envenimée. *Il* a tout cassé, l'a frappée, bousculée puis *il* a menacé de la mettre à la rue. Comme possédé, *il* n'a cessé de s'acharner sur elle et de la menacer de se tuer. *Il* a alors enfourché sa moto, garée dans l'enceinte du lycée, et a foncé dans un mur. Alertés par le bruit, les voisins, un couple de concierges qui logeait au lycée chaque week-end, sont sortis de chez eux et ont appelé les pompiers. Lorsqu'ils sont arrivés, ils les ont emmenés tous les deux.

Bien plus tard, ma mère me rappelle. On lui a fait un lavage gastrique pour purger son estomac de tous les médicaments qu'elle avait ingurgités quelques heures auparavant. Étant donné le contexte, les médecins ont pris la décision de les installer dans deux chambres distinctes. De plus, ma mère est toujours sous chimio : elle est donc faible et fragile.

— Un médecin et un psychologue vont passer…

— Profites-en pour tout leur raconter et fais que ce calvaire se termine, je t'en prie !

— Oui… mais comment je vais faire pour me débrouiller toute seule ? Je n'ai qu'un petit salaire… Comment les enfants vont-ils vivre avec si peu d'argent ?

— Peu importe, on trouvera. Il faut que tu agisses ! C'est maintenant ou jamais !

— D'accord… Les médecins arrivent, je te laisse.

— O.K., rappelle-moi juste après, d'accord ? À tout à l'heure.

Quelques heures plus tard, à sa voix je comprends qu'elle n'a rien dit.

Dans ces moments-là, j'ai l'impression d'être ailleurs. Je me sens nerveuse, sous tension, j'ai peur que le pire arrive et je m'en veux de ne pas être à ses côtés. Je pleure, je cogite, j'essaie de trouver des solutions. Mais, encore une fois, si elle ne veut rien dire, personne ne peut rien faire. J'ai envie de prévenir les gendarmes, mais le doute me paralyse. Je veux le faire pour ma mère, mais je sais que mes frères et sœurs m'en voudront à vie, car ce monstre reste leur père : ils ne comprendront pas pourquoi je fais ça. Les trois plus petits ont été épargnés jusqu'alors : ils n'ont jamais été les témoins ni des coups, ni des insultes, ni des menaces. À mon avis, c'est la première fois qu'ils assistent à cette violence. Totalement désemparée, je compose en désespoir de cause le numéro destiné aux femmes battues, espérant trouver de l'aide. Mais la déception est à la hauteur de mes attentes : j'explique brièvement la situation, mais aucune réponse concrète ne m'est apportée.

Le lendemain, elle est de retour à l'appartement. Chacun reprend alors ses habitudes comme si de rien n'était.

Je suis à bout de force, cette fois, la coupe est pleine : je jette l'éponge. Si je veux me reconstruire et préserver ma santé mentale, je dois à tout prix prendre mes distances.

Malgré tout, ma boule au ventre ne me lâche pas et je tremble à l'idée de ce qu'il pourrait se passer chez eux. Mais tout cela est vain puisque chaque fois elle retourne auprès de son bourreau.

Dans un premier temps, je n'ai des nouvelles de ma mère que quand ça ne va pas, puis nos appels s'espacent de plus en plus. Ma tante a fait de même ; elle aussi a fini par s'épuiser à tenter de lui venir en aide, sa patience a atteint depuis longtemps ses limites. Comme personne d'autre que nous n'était au courant de la situation de ma mère, elle s'est donc retrouvée de plus en plus isolée.

L'année 2013 n'est pas terrible. Comme si ça ne suffisait pas, mon couple bat de l'aile. Notre relation dure maintenant depuis cinq ans, et j'ai le sentiment que la vie que nous menons ne me correspond plus. Nous sommes retournés en Corse mais le cœur n'y est pas, je ne me sens pas à ma place… Cela me fait beaucoup de peine, car il m'a toujours soutenue ; je ne peux et ne souhaite pas lui faire de mal.

Les vacances s'achèvent et la fin de l'année se profile. Noël approche et, afin de boucler nos derniers achats, nous partons faire un peu de shopping.

Et c'est ainsi que démarre ma deuxième vie…

Chapitre 14

« Un coup du sort est une blessure qui s'inscrit dans notre histoire, ce n'est pas un destin. »
Boris Cyrulnik – *Les Vilains Petits Canards*

Il est 17 heures en ce soir d'hiver et la nuit est sur le point de tomber. Je me tiens sur le seuil de la porte d'entrée lorsque je m'aperçois que j'ai oublié quelque chose à l'étage avant de partir faire les achats de Noël. Comme à mon habitude, je grimpe les marches en vitesse et, arrivée dans la chambre d'amis, j'ai une sensation étrange. Mon cœur se met soudain à battre la chamade pendant quelques secondes. J'attends que ça passe, je reprends le fil de mes activités, puis je redescends les escaliers en me disant que ce n'est rien. Je monte dans la voiture mais, au bout de quelques minutes, mon cœur se remet à battre très vite, plus vite encore que tout à l'heure. Je commence à paniquer. J'ai du mal à respirer et je peine tellement à reprendre mon souffle que nous nous rendons aux urgences sans plus attendre.

Une fois arrivée dans le sas d'entrée de l'hôpital, je me rends compte que le hall est bondé. Ma panique est telle que je fonce m'adresser à la secrétaire, sans me soucier des gens qui attendent. On me demande de m'asseoir et d'attendre gentiment mon tour. Mais c'est tout bonnement impossible ; je me lève, je m'avance et, le souffle court, j'appelle à l'aide.

Quelques minutes plus tard, on m'ouvre. Un infirmier m'indique un box où m'installer ; il me demande de m'allonger et de lui expliquer ce qui m'arrive. Je m'efforce de me calmer et de mettre des mots sur mon ressenti. Il quitte ensuite le box en me disant qu'un médecin va venir me chercher. Je me retrouve seule, complètement démunie et en proie à une terrible angoisse. Mon cœur continue à battre à toute allure et j'ai l'impression que tout le monde s'en fiche. Je me lève du lit, ouvre la porte de la chambre et interpelle des infirmiers en leur disant que ça ne va pas. Deux infirmières arrivent alors, mais elles ne cherchent pas vraiment à me rassurer : elles me disent de retourner dans le lit et, une fois que j'y suis, remontent les barreaux sur les côtés pour que je ne puisse plus en sortir. Me voici donc enfermée sur ce lit, seule dans cette pièce, alors que mon corps est en train de me lâcher. Une dame arrive de longues minutes plus tard, elle me dit qu'elle est psychologue. Elle me pose tout un tas de questions sur ma vie, mes angoisses, mes peurs. Elle termine son analyse et m'annonce son diagnostic : « Crise d'angoisse. »

Elle me donne un médicament – un anxiolytique –, se veut rassurante en me disant que ça va passer et m'explique que j'ai besoin de parler avec des professionnels pour me libérer de tout ce que j'ai vécu durant ma jeunesse.

À ce moment-là, je ne peux rien faire d'autre que la croire. C'est la première fois que mon corps réagit de cette manière, que j'en perds le contrôle. Et puis, elle n'a pas tort : il n'est pas étonnant que mon passé ressurgisse. Moi qui croyais que le sport suffirait à m'affranchir de tout ça, je me trompais lourdement. Après avoir discuté un bon moment et être restée plusieurs heures aux urgences, on me demande de retourner à l'accueil, de remplir les papiers administratifs et de rentrer à la maison.

Arrivée chez moi, je suis exténuée. Je n'ai qu'une envie : me poser et souffler un peu. Je m'installe alors dans le canapé et allume la télé, espérant me changer les idées. Ça va mieux, et je me dis que ce n'était effectivement que le stress. Mais, vers 22 h 30, ça recommence. Mon cœur s'emballe de nouveau, sans que je parvienne à le contrôler. J'ai l'impression que je vais mourir. J'essaie de me calmer, mais rien n'y fait : je me sens complètement démunie, submergée par la panique. Comme on m'a dit que c'était seulement un effet du stress, je me vois mal retourner à l'hôpital. Pourtant, au bout de quelques minutes dans cet état et ayant de plus en plus de mal à respirer, plus question de rester chez moi. Nous voilà alors repartis pour les urgences ce jour-là.

De retour à l'hôpital, j'explique au personnel d'accueil que je suis déjà venue en fin d'après-midi, mais que les palpitations sont toujours présentes et que j'ai beaucoup de mal à respirer. Une infirmière me reçoit, me donne un autre anxiolytique et me conduit dans une salle en me demandant de me calmer. Elle me dit qu'il n'y a rien à faire sauf attendre que ça passe et entamer les démarches pour être suivie par un psychologue au plus vite.

Au bout d'un long moment, une infirmière me demande de repartir. J'ai toujours du mal à reprendre mon souffle, donc je suis un peu réticente à cette idée, mais on m'explique que je ne peux pas rester ici pour « ça ». Je repasse une nouvelle fois les portes des urgences, j'accède au parking et, une fois que nous sommes dans la voiture, nous y restons un moment, le moteur éteint : si ça recommence, autant ne pas avoir à refaire la route.

Mon ami commence à perdre patience. Pour lui, il n'y a rien de grave, j'ai juste à prendre sur moi pour que ça aille mieux. Je comprends que c'est possible mais, au plus profond de moi, je sens que quelque chose se cache derrière ces palpitations soudaines.

À peine sommes-nous rentrés à la maison que la crise repart de plus belle. Ma gorge est nouée, ma respiration saccadée, et il m'est impossible de réduire mon rythme cardiaque. Prise de panique, je me dis que cette fois-ci je vais mourir, qu'ils sont passés à côté de quelque chose à l'hôpital et que c'en est fini pour moi.

Retour à la case urgences : il doit être 1 heure du matin et je suis complètement déboussolée. Je n'ose pas fermer les yeux de peur de perdre encore plus le contrôle de mon corps, donc je lutte contre le sommeil. Alors que j'explique une nouvelle fois ce qu'il se passe aux infirmières, j'ai l'impression de les déranger. Pour elles, je ne suis ni plus ni moins qu'une jeune qui fait une crise de panique et qui n'arrive pas à se calmer. Pour autant, hors de question pour moi de rentrer à la maison, car chaque fois c'est la même chose : dès que nous prenons la voiture, mon corps se met à trembler et mon cœur à s'affoler.

Au bout de plusieurs heures, une infirmière m'emmène dans le bureau d'une psychologue qui me pose encore une fois une multitude de questions. Je suis à bout. Elle me dit que tout va revenir petit à petit à la normale, que l'angoisse peut provoquer ce type de symptômes. Face à mon état de détresse, elle me propose une aide : elle me demande si je suis d'accord pour rester quelques jours ici, le temps de me reposer et de discuter de tout un tas de choses. Complètement perdue et harassée, j'accepte.

Tout ce que je souhaite, à ce moment-là, c'est être à l'hôpital pour qu'on puisse me prendre en charge si ça recommence. J'accepte sans m'imaginer une seule seconde ce qui m'attend.

Il est alors 4 heures du matin ; la psychologue passe un appel et un homme vient me chercher pour me conduire dans une chambre. Il me donne alors une petite pilule qui, selon lui, va me permettre enfin de dormir. Effectivement, après avoir pris ce médicament, je sombre dans le sommeil sur-le-champ.

Une voix me réveille. J'ouvre les yeux péniblement et découvre qu'une femme en tenue d'infirmière se tient devant moi. Mes idées sont embrouillées, mes paupières lourdes, ma bouche pâteuse. Petit à petit, mes idées s'éclaircissent et je me souviens d'où je me trouve. Hier, en fin d'après-midi, je suis venue plusieurs fois à l'hôpital car mon cœur s'emballait sans cesse. Maintenant que j'ai retrouvé mes esprits, je regarde autour de moi et aperçois une dame, alitée elle aussi. Les infirmiers viennent de lui déposer son petit déjeuner. Du personnel entre et sort, on me dépose également un plateau. J'ai encore beaucoup de mal à respirer et je sens la panique m'envahir de nouveau. Je m'efforce de manger autant que possible, espérant que tout cela va s'arrêter et qu'il ne s'agit que d'un mauvais rêve : hier encore je me préparais à faire les courses de Noël, et me voici aujourd'hui dans une chambre d'hôpital.

Le repas terminé, je suis encore sous le choc des épreuves de la veille. Difficile de savoir au bout de combien de temps je réussis enfin à me sentir un peu plus lucide. Dans la journée, on me fait des prises de sang et l'on m'annonce que je vais rester une semaine ici ; pendant les jours à venir, je pourrai parler à des professionnels. Jusque-là, je dis oui à tout, je me laisse guider, car je me sens incapable de me contrôler. Apparemment, nous sommes une quinzaine de patients dans ce secteur et nous devons assister à des réunions tous ensemble dans la journée et prendre les repas en commun.

À la fin de la première journée, même si je me sens encore déboussolée, on m'explique je que je suis dans l'unité médico-psychologique de l'hôpital, que je n'ai rien de grave, aucun problème de santé, et que j'ai eu une grosse crise de panique que je n'ai pas su gérer. D'un côté, je suis rassurée, car je vais bien selon les infirmières ; mais d'un autre, impossible de me défaire de cette impression qu'il y a autre chose. Certes, je suis d'un tempérament stressé, du fait de mon passé, mais jusqu'à présent, j'ai toujours su contrôler en partie cette sensibilité grâce au sport. Pourquoi mon corps me lâche-t-il comme ça, du jour au lendemain ?

Je me plie à la routine de l'hôpital qui s'installe. Le matin, lever à 8 heures, petit déjeuner, toilette, réunion, repas, consultation avec un psy ; le reste du temps, il faut réussir à s'occuper. Le soir, nous pouvons tous nous réunir dans une salle télé. Les gens qui m'entourent semblent complètement perdus. Une jeune fille est là car elle a tenté de se suicider à plusieurs reprises et elle refuse s'alimenter. D'autres personnes sont en burn-out. Et il y a aussi ce jeune homme, d'une trentaine d'années environ, sujet à des crises de violence contre lui-même et contre les autres. Il n'arrive pas à se contrôler. Chaque jour il doit prendre trois médicaments pour réussir à être « calme ». Il me montre ses pilules et je constate qu'il s'agit des mêmes que celles que les infirmiers me donnent le soir. Je comprends instantanément pourquoi je suis complètement shootée depuis quelques jours et pourquoi j'ai tant de mal à avoir les idées claires. Ce médicament à l'air vraiment très puissant.

J'ai honte d'être ici. Quand je vois les personnes qui m'entourent, je me demande ce que je fais au sein de cette unité. Je ne suis pas suicidaire, je ne cherche pas à me faire du mal ; au contraire, j'ai eu peur d'avoir quelque chose et d'en mourir, ce soir-là. Certes, ma vie jusqu'ici n'a pas été simple, mais je ne suis pas folle.

Mes proches doutent de moi. Ils me demandent de m'apaiser, cherchent à me rassurer en me disant que tout va rentrer dans l'ordre. J'ai beau essayer de prendre sur moi, j'ai toujours du mal à respirer et à dormir. Dès que mes yeux se ferment, mon corps se défend et je me réveille en sursaut. En réalité, il m'envoie des signaux de détresse.

Au bout d'une semaine, je peux enfin dire au revoir au psychiatre, à ses gens perdus qui m'entourent, aux médicaments, aux repas collectifs et aux regards accusateurs. Une amie vient me chercher et je pars sans me retourner. Chaque pas que je fais m'essouffle. Chaque fois que je prends la voiture, mon cœur se remet à s'emballer. Chaque sensation corporelle, même minime, m'angoisse. J'ai alors peur du moindre signe que peut m'envoyer mon corps. J'apprendrai plus tard que cela porte un nom : cette phobie est « la peur de la peur ».

Le canapé devient alors mon meilleur ami. Moi qui étais très sportive, je n'ose plus faire la moindre activité physique, car je panique dès que mon rythme cardiaque s'accélère. On me prescrit des médicaments pour m'aider à tenir le coup.

Mes journées m'épuisent alors que je ne fais pas grand-chose. Je suis dans le contrôle permanent pour éviter de paniquer. Et je ne cesse d'essayer encore et encore de comprendre ce qui m'arrive. Est-ce que je suis en train de disjoncter, comme tout le monde le pense, ou est-ce autre chose, comme j'en ai l'intuition ? Cette alternative m'obsède pendant des jours et des jours. Comment peut-on basculer comme ça du jour au lendemain ?

Les vacances arrivent et nous descendons à Mâcon pour célébrer les fêtes en famille. J'ai peur de prendre la voiture et, surtout, je ne veux pas que les autres me voient dans cet état. Si une crise se produit, je serai incapable de me contrôler et je serai submergée de honte. Mais je n'ai pas d'autre choix que de me forcer : j'embête tout le monde avec cette histoire depuis assez longtemps comme ça.

Il me faut tenir huit heures de route, huit heures de voiture à rester calme. Ce qui me rassure, c'est que je ne suis pas seule : si j'ai le moindre problème, quelqu'un est là pour moi. Le chemin qui d'habitude est une simple formalité se fait interminable et oppressant.

Une fois que nous sommes arrivés, il nous faut acheter deux ou trois bricoles pour être au point le jour J. Faire des courses demeure éprouvant pour moi : je me sens souvent mal à l'aise depuis cette fameuse journée d'angoisse. Ce jour-là, je n'y échappe pas : je sens mon souffle se saccader, mon cœur s'emballer. J'essaie de faire bonne figure, mais tout ce que je veux, c'est rentrer le plus vite possible. Dans la voiture, cela empire et je sais que je ne serai pas rassurée tant que je n'aurai pas vu un médecin. Difficile d'en trouver un la veille de Noël, mais un rendez-vous est disponible en fin de journée. Entre-temps mon cœur s'est calmé, et je me demande si cela vaut la peine d'y aller. Le docteur évoque lui aussi une crise d'angoisse, mais le fait d'avoir été le voir me rassure. Je n'ai pas forcément un bon souvenir de cette soirée de réveillon de Noël 2013. Je prends sur moi au maximum pour tenter de sauver les apparences, mais au fond je n'en peux plus.

Le lendemain, nous avons prévu de passer la journée du 25 décembre chez ma mère. Lorsque j'arrive sur place, je raconte ce qu'il s'est passé ces derniers jours pour expliquer pourquoi je ne me sens pas très bien. Le repas se passe normalement même si, vers 22 heures, je sens que ma respiration se hache de nouveau et que mon cœur s'accélère. Je m'isole et tente de me calmer en me disant que je ne suis pas seule et que si jamais il se passe quelque chose de grave, l'hôpital est tout proche. Au moment de me coucher, je sens que j'ai une fois de plus du mal à respirer, donc je prends un anxiolytique et essaie de refermer les yeux. Mais le malaise me reprend, je suffoque, j'ai l'impression que mon cœur va éclater dans ma poitrine. Je panique et demande à aller à l'hôpital. Mon ami m'y conduit. Il est entre 23 heures et minuit.

Je suis prise en charge, le personnel de l'hôpital vérifie mes constantes et me place dans un box. On me pose des questions ainsi qu'une perfusion. Le temps qui sépare les visites des infirmières me semble interminable. Il doit être 3 heures du matin lorsqu'elles m'expliquent que ma saturation en oxygène n'est pas bonne est qu'on préfère me garder en observation cette nuit à l'hôpital. Une radio des poumons est prévue le lendemain matin, ainsi qu'une consultation psy. Je suis installée dans une chambre double qu'occupe déjà une autre patiente.

Au réveil, cette dernière reçoit la visite de sa famille. Je comprends qu'elle a eu des calculs rénaux et qu'elle doit attendre que tout rentre dans l'ordre pour qu'elle puisse rentrer chez elle. À ce moment-là je ne peux m'empêcher de la jalouser, car elle sait, elle, ce qu'elle a. Je n'attends que ça : avoir des réponses, un diagnostic. Mais toujours rien. Je n'en peux plus, la fatigue et le stress commencent à marquer mon visage et mon corps. Quand je me lève, je suis encore une fois complètement groggy à cause des médicaments. On vient me chercher pour passer la radio des poumons qui s'avère normale. Le psy m'écoute et me donne des numéros de téléphone pour que je consulte des gens en mesure de m'aider.

Au moment de quitter l'hôpital, je me sens honteuse d'y être allée une nouvelle fois après avoir cédé à la panique. Après tous ces examens, les médecins persistent à me dire que je n'ai rien et que tout ce que je ressens est dans ma tête. Je passe le reste de la journée au calme, en espérant que c'est fini, cette fois. Ma mère n'est visiblement pas inquiète, tandis que mon ami pense que mon cerveau commence à débloquer. Et j'ai moi aussi la désagréable sensation que c'est bien le cas.

De retour à la maison, rien ne s'améliore. Nous sommes en janvier, un mois s'est écoulé depuis ma première crise de panique, et pourtant rien n'a changé. Les choses ont même empiré. Je continue mes allers et retours entre l'hôpital et chez le docteur, qui me prescrit alors des antidépresseurs. Je décide de ne pas les prendre, car j'ai l'intime conviction qu'il y a autre chose. Je suis déjà sous anxiolytiques ainsi que sous somnifères, et je n'ai pas envie d'allonger la liste des traitements. Même si je suis au plus mal, je suis déterminée à tenir bon et à m'en passer. Une consultation chez le cardiologue est alors programmée ; après avoir porté un Holter pendant plusieurs jours, les résultats sont les mêmes : il n'y a rien de grave ou d'alarmant. Pas de quoi s'inquiéter, selon eux.

Je supporte difficilement d'être seule, car l'angoisse est trop forte dans ces moments-là. Le téléphone doit toujours être près de moi au cas où. Lorsque mon cœur va vraiment trop vite et que j'ai l'impression que je suis sur le point de m'évanouir, j'appelle les pompiers qui me disent alors de me calmer, de m'asseoir et que cela va passer. Et oui, pour eux aussi, ce n'est rien, vu mon âge.

Il me reste un maigre espoir de ne pas être folle, auquel je m'accroche désespérément. C'est très dur et je ne me reconnais plus dans la glace : j'ai perdu mon sourire, ma joie de vivre, mon dynamisme, et je maigris à vue d'œil.

Lors d'une énième visite chez le docteur, il décide de m'ausculter de la tête aux pieds. Alors qu'il examine ma gorge, il remarque que j'ai un goitre, au titre duquel il me prescrit une radio. Le jour de l'examen arrive, je m'allonge, et le médecin prend les clichés. Après plusieurs mesures, je l'entends qui marmonne des mots incompréhensibles sauf un : « calcifications ». Il me dit que ce n'est rien, qu'il faut refaire le point dans un an pour voir l'évolution et qu'on avisera à ce moment-là.

Une fois de retour à la maison, j'appelle ma mère. Cette pensée diffuse qui m'obsède depuis quelques minutes devient claire, tout à coup : on lui a bien trouvé des calcifications quand on a diagnostiqué son cancer du sein.

Chapitre 15

« On ne choisit pas, à proprement parler, une maladie, en revanche, on choisit bel et bien l'angoisse, et c'est l'angoisse qui se charge de choisir la maladie. »
Irvin David Yalom – *Et Nietzsche a pleuré*

Après avoir raccroché, je m'écroule. Mon intuition est bonne, je le sens : je souffre de quelque chose de grave, c'est certain.

Mes allers et retours aux urgences lorsque je n'arrive plus du tout à contrôler mon corps se poursuivent. On me donne des cachets, on me répète que tout est dans ma tête, que je dois apprendre à gérer ce genre de situations. C'est toujours la même rengaine au sujet des crises d'angoisse et de panique. Les docteurs ne m'écoutent même plus, pour eux je suis incapable de gérer mes émotions, et seuls les traitements peuvent m'aider actuellement. Malgré mes forces qui s'amenuisent, je tiens bon et me bats pour que l'on continue à me faire passer des examens, des tests, des prises de sang. J'explique, je raconte encore et encore ce que je ressens, qu'il y a quelque chose d'anormal. Un docteur décide finalement de me refaire passer une échographie de la thyroïde. Enfin quelqu'un m'écoute ! Je suis soulagée.

Je ne suis plus que l'ombre de moi-même : je ne tiens plus debout, je maigris, j'ai le teint blafard et je suis exténuée. Faire une centaine de pas m'épuise et provoque des palpitations assez importantes, alors qu'il y a encore quelques mois, pas un jour ne passait sans que je cours quarante minutes. Je me raccroche de toutes mes forces à l'espoir que le reste de ma vie ne va pas se résumer à ça.

Arrive le jour de ma seconde échographie. Le radiologue qui s'occupe de moi est génial ; une fois l'examen terminé, il m'explique ce qui va maintenant se passer : une tache sur l'écran l'inquiète et il me prescrit une biopsie pour affiner son diagnostic. Il ne faut pas trop tarder pour pouvoir agir au plus vite si ce qu'il pense se confirme. Il ne me dit rien de plus, n'emploie pas d'autres mots. Devant mon état de fatigue et ma peur, il m'indique qu'il faut dans un premier temps que je prenne rendez-vous pour subir une cytoponction, puis que je consulte un endocrinologue. J'acquiesce sans vraiment mesurer ce qui m'attend ; je ne comprends pas la moitié des mots qu'il prononce, mais je rassemble tous mes papiers et rentre à la maison.

La cytoponction est programmée une dizaine de jours plus tard.

Entre-temps, je me sens désorientée, mes pensées fluctuent, sans que je comprenne vraiment si ça vient de moi ou d'autre chose que je ne maîtrise pas. J'ai l'impression que mon corps et mon cerveau sont complètement dissociés. Même si je suis calme, je sens mon cœur battre à tout rompre. J'enchaîne les exercices de relaxation et de respiration, en vain. Le soir, je suis éreintée et n'aspire qu'à dormir, mais il m'est impossible de fermer les yeux.

Mes amis, ma belle-famille, mon ami, tout le monde me regarde comme si j'étais devenue folle. Tous me disent que consulter tous les docteurs possibles et imaginables est inutile, qu'il est absurde de m'acharner ainsi à chercher à tout prix à me faire diagnostiquer un mal dont je ne souffre pas, que le problème, c'est moi. Je me renferme alors petit à petit, je me replie sur moi-même et ne veux plus sortir. Voir les gens heureux me rend dingue. Ça fait maintenant des années que les ennuis s'accumulent… C'est à croire que le bonheur m'est interdit.

Autour de moi, les gens se marient, savourent la vie. Les femmes tombent enceintes, les familles s'agrandissent joyeusement. C'est comme si chaque bonne nouvelle supplémentaire venait remuer le couteau dans la plaie et raviver mes blessures passées et présentes.

C'est aujourd'hui qu'a lieu le fameux rendez-vous, et je m'y rends avec la boule au ventre. Je sais à peu près en quoi cela consiste et je ne me sens pas très rassurée. Une fois dans la salle d'examen, on me demande de m'allonger sur un grand lit où deux docteurs m'attendent. Ils m'expliquent qu'ils vont, à trois reprises, enfoncer une longue aiguille dans ma gorge afin de prélever des échantillons de cellules qui seront ensuite analysés. Pendant la ponction, je dois rester totalement immobile : je ne dois ni déglutir, ni parler, ni bouger. En fin de compte, l'appréhension est plus forte que la douleur, c'est plutôt perturbant de se faire transpercer cette partie du corps. Une fois l'examen terminé, j'éclate en sanglots sous le poids de la pression accumulée qui se relâche. Les résultats seront transmis à l'endocrinologue avec lequel j'ai rendez-vous très bientôt.

L'attente des résultats est un nouveau calvaire. À ce moment-là, j'ai beaucoup de mal à comprendre ce qui se passe. J'ai l'impression de vivre dans le flou total. Mon corps ainsi que mon esprit me lâchent ; ma nouvelle routine consiste à prendre chaque jour des médicaments qui m'assomment.

Durant ces quelques semaines, les nouvelles de ma mère se font rares : elle ne juge pas nécessaire de m'appeler plus que d'habitude. Plusieurs personnes sont physiquement présentes à mes côtés... mais je sens bien qu'on ne me croit pas vraiment. C'est donc seule et perdue que je traverse cette période, jusqu'à cette journée de fin mars 2014.

Chapitre 16

« C'est au moment où nous nous y attendons le moins que la vie nous propose un défi destiné à tester notre courage et notre volonté de changement ; alors, il est inutile de feindre que rien n'arrive ou de se défiler en disant que nous ne sommes pas encore prêts. »
Paulo Coelho – *Le Démon et Mademoiselle Prym*

C'est le jour J : l'endocrinologue me donne de nombreuses informations au sujet de la thyroïde. Il m'explique ensuite que les résultats de la cytoponction ne sont pas bons et qu'il va falloir m'opérer pour enlever les mauvaises cellules.

Je panique, je ne comprends pas la moitié des termes qu'il emploie ; le stress de l'opération prend le dessus. L'intervention est prévue le 9 avril 2014. D'ici là, il me reste encore quelques semaines à encore supporter ce corps qui n'obéit qu'à lui-même. Malheureusement, je n'en peux plus. Mon cœur ne cesse de s'emballer, je n'arrive pas à dormir, l'idée de me retrouver seule, loin d'un hôpital, me terrorise.

Je commence à prendre conscience que la petite voix intérieure que j'entends depuis des mois a vu juste. Je suis à la fois soulagée d'avoir trouvé quelque chose, mais aussi complètement terrifiée.

Je flanche. Un mois avant mon opération, je retourne encore une fois à l'hôpital car mon corps lâche. Je n'arrive plus à respirer, rien ne me rassure et j'ai l'impression que je suis en train de mourir. Je demande à rester à l'hôpital pendant quelques jours, car c'est le seul endroit où je me sens rassurée.

Me voilà de retour dans l'unité médico-psychologique pour dix jours. Cette fois-ci, au moins, j'en sais un peu plus sur l'endroit où je mets les pieds. Toujours réfractaire à l'idée de prendre un quelconque traitement, j'explique que je ne veux rien avaler, que je suis ici en attendant l'opération et que mes problèmes ne sont pas seulement causés par le stress comme tout le monde me l'a dit. Cependant, je n'ai pas le choix : si je veux rester au sein de ce service, je dois accepter de prendre les médicaments qu'on me prescrit, sinon je dois m'en aller. Je fais donc semblant d'avaler les comprimés qu'on me donne et les recrache à la première occasion. Si je suis à l'hôpital, c'est pour être rassurée, et non pour être shootée.

Jusqu'à la fin du séjour, je reste dans mon coin, pressée d'en finir avec cette attente. À mon retour chez moi, il ne me reste que quelques jours à patienter. Le temps est venu de me préparer pour l'opération qui, je l'espère, va me sortir de ce cauchemar. À cet effet, je rencontre le chirurgien qui doit m'opérer, ainsi que l'anesthésiste.

— Je vais devoir ouvrir au niveau de la gorge sur une dizaine de centimètres. Durant l'opération, je vais faire venir un spécialiste qui étudiera vos cellules. S'il me dit que tout est bon, je referme et vous laisse la moitié droite de la thyroïde. Sinon j'enlève tout.

— O.K., je réponds en larmes.

Constatant ma détresse, il poursuit :

— Vous verrez, vous allez vous sentir beaucoup mieux. Vous pourrez revivre comme avant une fois ce problème résolu.

Alors que je l'écoute, j'espère du fond du cœur qu'il me dit ça parce que c'est la réalité, et non juste pour me rassurer. Il me suffit de faire deux pas pour être essoufflée ; dès que je suis seule, je panique : comment tout cela pourrait-il bien s'arranger ? Mon cerveau, mon transit, mon système cardiaque... tout est hors de contrôle. Dire que ma situation est désagréable est un doux euphémisme.

C'est seulement à ce moment-là que je décide de chercher quelques informations sur Internet. Les spécialistes qui m'ont suivie récemment sont unanimes pour dire que ma thyroïde n'est pas normale. Je me renseigne sur cet organe, sa description, son fonctionnement et son utilité dans le corps humain. Je consulte la liste des symptômes liés à ses dysfonctionnements et les conséquences de ces derniers sur l'organisme. Non seulement mon ressenti correspond aux explications fournies, mais je m'aperçois aussi que certains de ces symptômes sont présents depuis déjà bien longtemps, sans qu'ils aient été identifiés comme tels.

Une information retient toute mon attention : les calcifications de la thyroïde entraînent des cancers dans huit pour cent des cas.

Je me présente pour mon admission à l'hôpital la veille de mon opération, le 8 avril. Le personnel soignant me fait remplir des papiers, on m'explique comment va se passer la journée du lendemain. J'entends plus que je n'écoute. Mon corps est présent, mais mon esprit est ailleurs. Les différentes éventualités tournent dans ma tête… L'anesthésie m'angoisse au plus haut point : je n'ai pas envie qu'on m'endorme ; je ne supporte pas de perdre tout contrôle de moi-même et, surtout, j'ai peur de ne pas me réveiller. Ce soir-là, je m'endors tant bien que mal grâce aux somnifères.

Le matin de l'intervention, on me réveille à 6 h 30. Je prends ma douche à la Bétadine et j'attends que le brancardier vienne me chercher dans ma chambre. Après avoir parcouru quelques couloirs, il s'arrête et me laisse dans une salle d'attente devant le bloc opératoire. La panique me submerge, impossible de me calmer ; une infirmière s'approche et tente de me rassurer avec douceur. On m'emmène dans le bloc, où je retrouve l'anesthésiste et le chirurgien. Ce dernier me répète alors que si ce n'est pas très grave, il n'enlèvera que la moitié de ma thyroïde – le côté gauche –, sinon il procédera à une ablation complète.

Alors que je me débats en vain, on m'injecte le produit pour m'endormir. Je sens le liquide couler dans mes veines, et mes yeux se ferment.

Je me réveille trois heures plus tard. Tout est encore flou autour de moi, je ressens de l'agitation à mes côtés, j'entends des gens parler. J'ouvre un peu plus les yeux, cherchant du regard le réconfort de la part du personnel soignant. Où est-ce que je suis ? Est-ce que tout s'est bien passé ? J'ai du mal à bouger. Je porte les mains à mon cou et je sens quelque chose – un pansement, sûrement – qui recouvre ma gorge. Je suis branchée à des machines et deux drains longent chacun de mes bras pour se terminer dans des petites bouteilles en verre. Déglutir m'est pénible.

Quelqu'un s'approche de moi pour me demander comment je me sens et vérifier mes constantes. Après avoir demandé l'heure, je constate que je ne suis pas restée trop longtemps au bloc, car il est 10 h 30.

Le chirurgien vient me voir et m'annonce qu'il a dû procéder à une thyroïdectomie totale : il a dû tout enlever. Je me souviens de ce moment comme si c'était hier, alors que sur le coup, je ne prends pas conscience de ce que cela signifie.

On me remonte dans une chambre différente de celle de la veille : je vais passer les vingt-quatre heures à venir sous étroite surveillance. Assommée par l'anesthésie, je suis complètement ailleurs pendant toute la journée. Les infirmières passent régulièrement pour m'aider à bouger si besoin est, car avec les deux tuyaux et les bouteilles accrochées à mes bras, ce n'est pas très simple.

À la fin de sa journée de travail, mon ami vient me retrouver. Nous attendons tous les deux la visite du docteur qui doit venir m'expliquer le déroulement de l'opération de ce matin.

Vers 18 heures, on frappe à la porte. Le chirurgien entre et s'assied au bout de mon lit.

— L'opération s'est bien passée et il n'y a pas eu de complications. J'ai enlevé toute la thyroïde, car les cellules n'étaient pas saines…

Je l'écoute attentivement malgré les derniers effets de l'anesthésie qui tardent à se dissiper. Constatant que j'attends la suite, il reprend :

— Nous avons découvert un nodule cancéreux de quelques centimètres dans un des deux lobes.

Sous le choc de cette annonce, je suis incapable de dire un mot. Il profite de ce silence pour poursuivre :

— Pour éviter de devoir opérer de nouveau un peu plus tard si quelque chose d'autre se développe dans le deuxième lobe, j'ai préféré tout enlever directement. J'ai également fait un curtage pour vraiment tout racler et ôter toutes les mauvaises cellules.

— C'est pas possible, vous avez dû vous tromper ! Vous m'avez dit qu'il y avait très peu de risques pour que ce soit cancéreux !

— Je suis désolé, mais la tumeur que nous avons découverte est bien maligne… Je reviens vous voir demain, reposez-vous bien.

Je suis abasourdie. Je n'arrive même pas à pleurer, à crier, à m'agiter. Cette annonce me paralyse. Pour moi, c'est terminé : j'ai vingt-trois ans et ma vie est finie, je vais mourir.

Chapitre 17

« J'ai appris que le courage n'est pas l'absence de peur, mais la capacité de la vaincre. »
Nelson Mandela – *Un long chemin vers la liberté*

— Ça y est, c'est fini. Je vais mourir.

Les mots du médecin hantent mon esprit et je me dis que je n'aurai en fin de compte jamais pu profiter de ma vie. Je vois les yeux de mon ami se remplir de larmes même s'il essaie de prendre sur lui. Je comprends que la situation est grave, mais je suis comme pétrifiée. Tout est bloqué, rien ne me vient pour exprimer ma peine : ni paroles, ni larmes.

Les heures défilent, et vient l'heure de la fin des visites ; je me retrouve alors seule dans ma chambre, surveillée de près par les infirmières, de l'autre côté de la vitre. Impossible de me souvenir de combien de fois j'ai appuyé sur le bouton d'urgence, cette nuit-là… Les infirmières m'aident chaque fois que j'en ai besoin ; parfois, elles viennent juste me parler pour me rassurer. Ce 9 avril, je ne ferme pas l'œil, pas même une seconde. Si je ferme les yeux, j'ai peur de ne plus jamais les ouvrir.

Au terme des vingt-quatre heures d'observation, on m'installe dans une nouvelle chambre où je dois rester encore une journée. Je suis livrée à moi-même avec cette annonce qui tourne en boucle dans ma tête. Je sens en moi comme un vide, un trou béant. J'ai l'impression de vivre mes dernières heures, je me sens complètement anéantie. Les infirmières m'autorisent à prendre ma douche, à condition de faire attention aux drains que j'ai de chaque côté de mon cou. Je me rends dans la salle de bains, me déshabille et croise mon reflet dans la glace. Je suis tellement maigre, tellement triste, tellement fatiguée. Je ne me reconnais plus. J'ai dû perdre huit kilos, et mon teint est cireux. Alors que je suis sous la douche, je pleure toutes les larmes de mon corps.

Les jours qui suivent sont vraiment compliqués. Sur le plan physique, tout d'abord, car j'ai beaucoup de mal à manger. Déglutir est douloureux, et je redoute de m'étouffer à chaque bouchée. Mon corps a du mal à supporter le moindre effort. Effectuer les quelques pas qui me séparent de l'extérieur est une réelle épreuve. Moi qui courais des kilomètres et faisais du sport sans cesse, me voilà réduite à une vingtaine de pas par jour. Ma vie devient un véritable calvaire.

On vient de m'enlever ce cancer, mais je me sens dépérir. Le docteur m'a affirmé que ça irait de mieux en mieux, mais j'ai perdu tout espoir, à ce stade.

D'un côté les visites que je reçois me font du bien, mais de l'autre je déteste voir tous ces gens heureux et insouciants, dont la vie est normale. Je les envie, égoïstement. J'ai 23 ans et encore tellement de choses à vivre ! Pourquoi chaque fois que tout va bien, le sort s'acharne-t-il sur moi ?

Bien que nous nous soyons éloignées, ma mère et moi, je décide de l'appeler pour la prévenir, espérant son soutien. J'ai besoin qu'elle vienne, qu'elle me réconforte et me dise que tout va bien se passer. J'espère qu'elle va sauter dans le premier train pour me rejoindre à l'hôpital, qu'elle va me prendre dans ses bras et rester avec moi jusqu'à ce que ça aille mieux. Mais, même une fois qu'elle a été au courant de ma situation, je n'ai eu que peu de nouvelles de sa part, et elle n'est jamais venue me voir. Personne de ma famille ne m'a rendu visite à l'hôpital.

Ceux-là mêmes qui sont censés m'aimer le plus au monde étaient absents au pire moment de ma vie. C'est affligeant. Je ne souffre pas d'une gastro, là, on vient de m'opérer d'un putain de cancer !

C'est à cette période que j'ai pris conscience d'une chose primordiale : il fallait que j'arrête de me soucier des autres et d'aider encore et toujours des personnes pour qui je ne compte pas. J'ai eu un véritable déclic, c'était terminé.

D'ailleurs, d'après les médecins, tout cela a été à l'origine de ma maladie. Et pour une fois, je suis d'accord avec eux. À vingt-trois ans, il est rare d'observer ce genre de problème de santé. Selon eux, la peur, l'appréhension, les scènes d'horreur auxquelles j'ai assisté et l'angoisse que j'ai ressentie sans répit chaque jour depuis mes six ans s'étaient peu à peu matérialisées sous la forme d'un cancer.

Les médecins veulent me faire sortir de l'hôpital deux jours après l'opération, mais il n'en est pas question : je suis incapable de rentrer chez moi et de rester toute seule. Le choc est beaucoup trop important, tant sur le plan physique que psychologique. Je suis sonnée, fatiguée et déprimée. Ils acceptent de prolonger mon séjour, et je reste cinq jours à la clinique.

Avant mon départ, le docteur m'explique que mon dossier, contenant le compte rendu de l'opération ainsi que les prélèvements, a été transmis à un centre qui gère les cas de cancer. Il faut attendre le retour des experts pour savoir s'il est nécessaire que je suive un traitement supplémentaire ou non. Si jamais ces derniers estiment que la tumeur n'a pas été enlevée totalement et que la récidive est inévitable, il va falloir que je passe une semaine en chambre stérile, en isolement. Après cela, une nouvelle analyse sera nécessaire pour pouvoir se prononcer sur mon cas. Le médecin m'explique également que je vais devoir prendre un cachet tous les jours, et ce durant toute ma vie. Ce médicament se prescrit à différentes posologies, et il va falloir « tester » les dosages pour trouver celui qui me convient. Les fils, quant à eux, vont se résorber tout seuls pour laisser place à une cicatrice qu'il faudra protéger au maximum pour l'atténuer. Durant une semaine, je vais porter un pansement ; ensuite, crème solaire et foulard obligatoires pendant un an.

Je sors de l'hôpital munie d'une multitude de papiers et de prescriptions médicales, mais vide de toute joie et d'envies. Je passe mes trois semaines d'arrêt à réfléchir, à faire le point sur moi-même, sur ma vie. Parfois j'essaie vraiment de me persuader que ça va aller, qu'il faut que je me bouge. Mais parfois les ruminations l'emportent et je passe la journée à pleurer.

Je suis encore en arrêt quand on m'informe que mon dossier a été étudié et que, selon les experts, il n'est pas nécessaire de m'envoyer en chambre stérile pour subir un traitement supplémentaire. Je suis soulagée, mais j'ai aussi peur que les médecins soient passés à côté de quelque chose de grave, une fois encore. On m'explique que je vais devoir effectuer des bilans sanguins réguliers au laboratoire, sur la base desquels l'endocrinologue pourra adapter si besoin est le dosage de mon traitement.

Je suis encore très fatiguée, et je ne me suis toujours pas réapproprié mon corps.

Trois semaines plus tard, quand mon arrêt maladie s'achève, je décide de retourner travailler. Même si ça s'annonce délicat, il le faut : si je reste à la maison, je vais me morfondre et je me complaindre dans mon malheur. J'ai toujours été une battante, ce n'est pas aujourd'hui que je vais baisser les bras.

Les premiers jours sont très durs. Seuls deux collègues sont au courant de ce que je viens d'endurer, mais je ne suis pas sûre qu'ils mesurent pleinement l'ampleur du choc qui m'a secouée. Et puis, personne ne connaît exactement les conséquences que la perte de ce petit organe engendre dans le corps.

En apparence, tout va bien – et c'est ce que mes collègues se disent. Mais à l'intérieur, c'est tout le contraire : je suis épuisée, déboussolée. Travailler m'aide à penser à autre chose et à habituer mon corps à reprendre un minimum d'activité.

Ces premiers jours ont réellement été éprouvants. J'ai du mal à marcher plus de quelques minutes, j'ai du mal à supporter la présence de tous ces enfants autour de moi et à me rendre disponible à chaque instant. Je dois me montrer de bonne humeur et joyeuse alors qu'à l'intérieur, c'est le déluge.

En fin de compte, je renoue avec mes vieilles habitudes : j'ai passé mon enfance à porter un masque pour que personne ne se doute de rien. On peut dire que j'excelle en la matière.

Petit à petit, plusieurs troubles apparaissent : mon cœur a des ratés, je m'essouffle parfois, j'ai des difficultés à digérer. Je consulte des forums de discussion sur Internet pour m'informer sur le sujet : après l'ablation de la thyroïde, la production des hormones qu'elle sécrète est stoppée ; les traitements ont pour objectif de se substituer à ces hormones qui font désormais défaut. Cependant, l'organisme tout entier doit se remettre en marche, ce qui engendre des perturbations du système digestif, du système cardiaque, des émotions. Encore une fois, tout cela est parfaitement invisible de l'extérieur.

Il faut également accepter la maladie. Pouvoir prononcer le mot « cancer » a été impossible pour moi dans les premiers temps. Même aujourd'hui, sept ans plus tard, j'ai encore du mal à le faire.

Les mois défilent et je m'efforce de vivre avec ces nouveaux troubles, de m'y habituer et de les apprivoiser. Il y a des jours où j'y arrive, et d'autres non. J'essaie aussi de combattre mes peurs et de garder mon calme lorsque j'ai l'impression de « rechuter ». Plus question de passer ma vie aux urgences et de séjourner à l'hôpital. Lorsque mon cœur s'emballe, que j'ai du mal à respirer, que mon corps est parcouru de picotements, je prends sur moi. Je veux goûter de nouveau à une vie normale et ne plus avoir peur lorsque je suis seule. Mon téléphone est certes toujours à ma portée, mais chaque heure passée sans personne à mes côtés est une victoire.

Je dois aussi composer avec ma peur bleue de prendre le volant. Comme ma première crise de tachycardie s'est produite alors que j'étais en voiture, mon cœur s'accélère de nouveau dès que je m'y installe ; c'est certainement lié. Alors, petit à petit, je prends la voiture seule, cinq minutes, puis dix minutes, puis quinze minutes… Et, malgré la panique qui monte en moi, chaque fois j'insiste un petit peu plus.

Chapitre 18

« Conserver la douleur, le refus, et au fond, l'agressivité que l'on projette sur l'autre, permet de ne pas entrer dans l'immense et réparable douleur d'un passé que rien ne peut modifier. Car, de même qu'une branche d'arbre coupée ne repousse jamais au même endroit, les manques du passé ne seront jamais comblés. En revanche, pour filer la métaphore, l'arbre peut continuer de grandir dans toutes les directions et d'innombrables nouvelles branches pousser. Identifier nos projections suppose et permet de faire le deuil des réparations qui n'auront jamais lieu, et de continuer à grandir dans les multiples directions qui nous sont aujourd'hui accessibles. »
Alexandro Jodorowsky, Marianne Costa – *La famille, un trésor, un piège*

C'est à peu près à cette période que je décide de rendre une visite surprise à ma mère. Alors que nous devons prendre la route pour venir passer une semaine de vacances chez les parents de mon ami, j'ai l'idée de faire une halte à l'improviste. Lorsque j'ai averti ma famille de ma maladie, j'ai compris que, désormais, j'allais devoir vivre pour moi. Maintenant que j'ai intégré ce postulat, il me faut l'annoncer de vive voix à ma mère.

Peut-être s'agissait-il en quelque sorte d'un appel de la dernière chance, destiné à lui demander de partir le plus vite possible, car je ne serais plus là pour l'aider à compter de ce jour ?

Je suis stressée et anxieuse, mais déterminée. J'ai besoin de me confronter avec ma mère pour exorciser les fantômes du passé et les démons du présent.

Moins d'une heure avant mon arrivée, je décide de l'appeler pour la prévenir que je suis tout proche et que je souhaite la voir. Elle décroche et, surprise, m'explique qu'elle est en train de faire les courses et qu'elle ne devrait plus tarder. Trois quarts d'heure plus tard, je sonne à la porte. À travers la vitre, je peux lire l'étonnement sur son visage, à *lui*. Pris au dépourvu, *il* ignore tout de ma venue ; *il* m'informe que maman va arriver, comme nous le savons déjà. Nous prenons place sur des chaises pour patienter. Quant à lui, *il* semble plutôt perturbé et fait les cent pas dans la salle à manger.

Quelques minutes plus tard, j'entends la voiture de ma mère se garer. Mes frères et sœurs en descendent les premiers et viennent m'embrasser dès qu'ils me voient. Ma mère arrive ensuite, affichant un large sourire où se mêlent la joie et la curiosité. Les yeux humides de larmes naissantes, elle s'approche de moi et m'étreint. Je m'efforce de ne pas céder à l'émotion et de rester concentrée sur le but de ma visite. Je suis là pour lui faire comprendre que je suis bien décidée à vivre une nouvelle vie. C'est pourquoi, au risque de paraître insensible, je reste immobile et je ne lui rends pas son accolade. Je la laisse me serrer dans ses bras et me dire à travers ses sanglots combien elle est heureuse de me voir. Je ne bouge pas d'un cil, mes yeux restent secs. Il n'est pas question pour moi de retomber dans le scénario que je ne connais que trop bien, au risque de flancher. Déconcertée par cette attitude, elle relâche son étreinte et, en essuyant ses larmes, me demande ce qu'on fait là.

— Je suis venue pour discuter.

— Discuter de quoi ? me dit-elle.

— Discuter SEULEMENT avec toi, lui dis-je en balayant la pièce du regard et en m'assurant que notre bourreau saisit bien le message.

Par chance, ce jour-là, *il* a rendez-vous pour un tatouage, et son client est sur le point d'arriver. Nous avons donc au moins deux heures pour discuter en tête à tête, ma mère et moi.

Très vite, elle comprend que je ne suis pas là simplement pour bavarder, et son attitude, tout d'abord affectueuse, change du tout au tout pour se muer en agressivité à notre égard.

— Si tu es venue pour me reprocher mon absence pendant ton hospitalisation, tu peux faire demi-tour et partir sur-le-champ ! Je n'avais les moyens de me payer ni les transports ni l'essence, et je n'ai pas eu une minute à moi !

Je lui réponds sur un ton calme mais tranchant :

— Aucune excuse n'est valable.

Le ton commence à monter, elle se met à crier et s'embrouille dans ses explications. Elle me hurle dessus et s'en prend à mon ami, ce qui ne lui ressemble pourtant pas.

Elle vocifère à un point tel qu'elle en perd son souffle et fait une sorte de crise.

— Dégage !

Je ne cède pas, je ne bouge pas.

— Je suis venue pour te dire tout ce que j'ai sur le cœur, pour crever l'abcès une bonne fois pour toutes. Que tout cela soit difficile à entendre pour toi, que cela te blesse ou non n'y changera rien : c'est maintenant ou jamais. Et si c'est la dernière fois qu'on se voit, alors tu ne me feras pas changer d'avis.

Face à mon obstination, elle part s'enfermer dans sa chambre pendant de longues minutes.

Je la laisse seule le temps de reprendre mes esprits et de me recentrer sur mon objectif.

Telle une mère qui revient vers son enfant qui vient de faire une crise, je frappe à sa porte et, sans attendre de réponse, je l'ouvre et j'entre. Je la rejoins sur son lit et lui dis gentiment qu'il n'est pas question que je parte, que LE moment de s'expliquer est venu…

Je poursuis et m'efforce de lui présenter les choses de manière posée. Alors qu'elle m'écoute, des larmes inondent ses joues. J'espère que mes mots auront un impact, peut-être pas dans l'immédiat, mais je prie pour que ce soit le cas au plus vite.

Pour chaque situation que je lui expose, elle se cherche des excuses plus ou moins valables, bien consciente que ses arguments sont illusoires. À ce moment-là, je la prends dans mes bras.

— C'est fini, c'est du passé. Maintenant, il nous faut avancer, tourner la page, mais je ne peux pas, je ne peux plus le faire à ta place. Je t'aime, c'est indéniable, mais il va falloir reconnaître nos erreurs et savoir les entendre.

Nous sommes restées un bon moment serrées l'une contre l'autre. Nous avons alors ressenti tout autant la fusion qui nous avait unies pendant toutes ces années, et le fossé qui s'était creusé petit à petit malgré tout l'amour que nous avions l'une pour l'autre.

Ces quelques heures ont été éprouvantes tant sur le plan physique que psychologique, mais elles se sont révélées indispensables à ma reconstruction. Quand j'ai quitté cette maison, je me suis sentie comme plus légère, débarrassée d'un poids au plus profond de moi.

Je ne dirais pas que je me suis sentie libre, mais véritablement soulagée et prête à enfin entamer une nouvelle vie.

À cette époque, je suis encore plusieurs traitements, mais je me sens capable de bientôt les arrêter. Quelques mois plus tard, c'est le cas. Je commence alors à me séparer progressivement de ce qui m'a aidée à tenir pendant tout ce temps. Je diminue tout d'abord ma posologie de moitié, puis j'enlève un cachet, puis deux, jusqu'à couper mes comprimés en quatre et n'en prendre qu'un quart.

À ce stade, les effets sont surtout d'ordre psychologique. Je procède de la même manière avec les somnifères. Même si je dors très mal pendant plusieurs nuits d'affilée, je tiens le coup et me répète que je dormirai mieux la nuit suivante.

En fin de compte, il m'a fallu deux ans pour arrêter tous les traitements. Ce fut lent et progressif, mais je pense qu'il était nécessaire d'y aller en douceur. J'en ai repris occasionnellement, mais jamais de manière régulière.

J'ai dû et je dois aujourd'hui encore faire attention à mon alimentation pour éviter des complications. Je dois me plier à une routine alimentaire scrupuleuse pour que tout se passe pour le mieux.

En ce qui concerne le sport, il m'a fallu un petit moment avant de m'y remettre. Dès que mon rythme cardiaque accélérait, ça me faisait peur. Aujourd'hui encore, je reste très attentive à ces changements, mais ils ne régissent plus ma vie, contrairement à cette époque.

Là aussi, ma reprise se fait petit à petit, et accompagnée. Y aller seule est source de trop d'angoisse pour moi. Comme pour la voiture, je prends sur moi et, progressivement, je vais marcher seule cinq minutes, dix minutes, quinze minutes. Je mets en place le même fonctionnement pour pouvoir apprivoiser mon nouveau corps et ses sensations.

La psychologue me conseille de me mettre au yoga, ce que j'essaie de faire pendant plusieurs mois. Mais cette discipline ne me convient pas :

impossible pour moi de rester immobile et zen pendant les cours. Je ne suis pas faite pour cela, ça ne correspond pas du tout à ma personnalité. Au moins, j'aurais essayé.

Deux ans plus tard, un ami me parle d'un club de boxe, qui se trouve à dix minutes de chez moi. J'hésite à me lancer, car je redoute de faire une crise là-bas. Cela étant, j'ai trop besoin de me défouler. Je décide alors de sauter le pas et de tenter l'expérience… et je n'ai jamais arrêté depuis. Ça m'a fait un bien fou de reprendre une activité sportive, mais aussi de pouvoir extérioriser toute la haine et la rage qui grondaient au fond de moi.

Au bout de cinq ans, je me lance dans la compétition. Après une défaite en championnat de France, je remporte, deux mois plus tard, la coupe de France amateur. Je suis fière de moi. Je réussis à encaisser les coups, la fatigue de cette compétition et à contrôler mes émotions et ma rage. C'est non seulement une victoire sportive, mais aussi une petite revanche sur la vie.

Chapitre 19

« Le châtiment de l'indépendance, c'est l'incertitude, et la forme de l'incertain, c'est le provisoire et le précaire : tout peut changer, mais aussi rien n'est assuré. »
Henri-Frédéric Amiel – *Journal intime*

Il faut du temps – deux ans au bas mot – pour trouver le « bon » dosage du traitement que je dois prendre quotidiennement. Pendant ces deux années, j'apprends à vivre avec un nouveau corps. Chaque effort, chaque discussion, représente un effort, mais je m'accroche dans l'espoir de retrouver ma vie d'avant. Je m'oblige à sortir, à partir en vacances, à prendre les transports en commun, à reprendre le volant. J'apprends à accepter mon corps tel qu'il est, avec toutes ces modifications qui me font souvent peur. J'apprends à l'écouter et à ne pas le brusquer. Après la journée de décembre 2013, je suis devenue hypocondriaque, même si j'essaie de prendre sur moi pour ne pas paniquer.

Je n'ai pas vraiment le temps de songer à d'autres projets, je suis trop préoccupée par cette nouvelle vie faite d'examens et de rendez-vous médicaux. Quand ma nouvelle routine se met en place, j'ai enfin plus de temps pour faire le point, penser à moi et à ce que je veux. Je me rends compte que la vie que je mène n'est pas forcément celle à laquelle j'aspire. Sans pour autant être malheureuse, je ne me retrouve pas dans mon quotidien, il ne me correspond plus. Je n'ai plus de temps à perdre : je souhaite que chaque seconde de ma vie soit placée sous le signe du bonheur. J'ai besoin de faire les choses par moi-même, et de voir que j'en suis capable. Je veux vivre pour moi et découvrir qui je suis vraiment.

J'ai beaucoup de mal à passer ce cap, car je ne veux blesser personne. Je suis à la fois perdue et persuadée que ce n'est qu'une question de temps : je vais changer de vie, il le faut. Le futur proche s'annonce tumultueux, mais j'explose intérieurement. Il est temps de prendre le large.

Je décide donc de mettre un terme à la relation qui nous unit, mon ami et moi, depuis près de dix ans. Ça fait déjà un bon moment que ça ne va plus vraiment entre nous, mais on essaie de sauver les meubles, autant que possible. Je n'ai rien à lui reprocher, il a toujours été là pour moi. Ma décision est d'autant plus douloureuse à prendre. C'est un moment difficile, mais aussi libérateur.

Comme je me retrouve de nouveau sans domicile, une amie m'héberge pendant quelques mois. Elle m'ouvre grand sa porte et m'accueille, adaptant ses habitudes à ma présence. Je ne la remercierais jamais assez. Pour autant, je ne souhaite pas abuser de son hospitalité : je me mets donc à rechercher très activement un logement. Quatre mois plus tard, je déniche enfin mon futur chez-moi. Cela m'a pris du temps, mais j'avais à cœur de trouver un endroit où je me sentirais bien, ou je pourrais tisser mon propre cocon.

Il m'a fallu gérer les recherches, la location, les dépenses d'électricité, l'achat d'une voiture, un prêt… Rien d'anormal, en soi, mais je suis fière d'y être parvenue par moi-même.

Jour après jour, je construis ma petite vie dans mon nouveau nid, je gère mes galères, mais, plus important encore, je me sens vivante et j'ai la tête haute. C'est parfois compliqué, car lorsqu'on quitte tout – copain, maison, certains amis –, il faut apprendre à vivre seul. Et même si j'en suis là parce que je l'ai choisi, c'est vraiment dur les premiers temps. Chaque fois que mon corps me joue des tours, la peur s'empare de moi, je panique, car personne n'est là pour m'aider. Je prends énormément sur moi, mon téléphone toujours à proximité et avec le soutien d'amis si besoin est.

Je fais connaissance avec des personnes géniales. Je sors beaucoup, je fais des rencontres – pas toujours les meilleures, certes, mais cela m'aide à mieux me connaître et à me changer les idées. Je suis sûrement dans l'excès, par moments, mais j'ai besoin de sentir cette vie qui vibre en moi. Je n'ai plus une seconde à perdre.

La solitude me permet de réfléchir et de commencer à faire le point sur les choix que j'ai faits ces derniers mois. Je remarque que je m'attache souvent à des personnes qui ne me correspondent pas : quelqu'un qui a besoin d'aide, qui ne travaille pas, qui est instable sur le plan psychologique ou qui ne me respecte pas. Je m'installe inconsciemment dans un rôle de codépendance en voulant aider des personnes qui en ont besoin et en endossant leur responsabilité.

Difficile de l'admettre dans un premier temps, mais force est de constater que je répète chaque fois le même schéma. Ce qui est familier me procure une impression de confort, un cadre pour ma vie. Je connais les règles, et je sais à quoi m'attendre. Je m'évertue à reproduire sans cesse les conflits du passé avec l'espoir, cette fois, de les résoudre. Je me rends également compte que, avec une telle attitude, je réduis à néant tous les efforts que j'ai faits pour m'éloigner de ma vie d'avant.

Chapitre 20

« Ta deuxième vie commence quand tu comprends que tu n'en as qu'une. »
Raphaëlle Giordano – *Ta deuxième vie commence quand tu comprends que tu n'en as qu'une*

Ma deuxième vie a commencé le 9 avril 2014.

La vie n'est pas rose tout le temps, car les symptômes sont toujours là – et le seront toujours. Mais j'apprends à vivre avec et, quand ça ne va pas, je me dis que le lendemain sera meilleur. Tout est plus facile lorsque la bonne personne est à vos côtés.

Près de trois ans après ma séparation, je rencontre la personne la plus incroyable qui puisse exister. Dès les premiers instants, lorsque nos regards se sont croisés, j'ai compris que c'était lui que j'attendais depuis tout ce temps. Nous sommes devenus inséparables dès le premier jour, et je me dois de lui raconter mon passé. Il doit savoir dans quelle aventure il s'engage et, forcément, il a aussi le droit de ne pas accepter de le faire.

Je tremble de peur à l'idée qu'il s'en aille lorsque je prononce le fameux mot « cancer », mais il reste et me soutient lorsque je lui raconte la suite de mon récit et les différents événements qui ont jalonné ma vie.

On ne pas vraiment dire que je suis facile à vivre au quotidien. Mon vécu et mon combat contre cette maladie m'ont poussée à me forger une sacrée personnalité. J'ai deux facettes qui s'opposent : d'un côté, je peux me montrer agressive et dure dans ma manière de voir les choses ; de l'autre, je suis ultrasensible et je suis paralysée par la peur qu'on m'abandonne.

Malgré tout, il est là pour moi et sait m'apaiser lorsqu'il le faut. Il m'accepte telle que je suis, avec mes forces mais aussi avec mes failles et mes faiblesses. Je l'aime pour ça et je l'aime pour tout le reste.

J'aime et je me sens aimée en retour, ça fait un bien fou ! Je suis toujours en contact avec ma mère et mon frère ; c'est le principal. J'ai revu mon père, récemment ; j'en suis ravie, car je ne veux plus aucun conflit. Si l'un d'entre eux souhaite me voir, je suis là et ma porte est ouverte. S'ils n'en ressentent pas le besoin, tant pis. Je ne veux plus faire passer les autres avant moi, je n'aspire qu'à une chose : vivre sereinement.

Avec le recul, j'ai parfois l'impression d'avoir vécu trois vies, le sentiment que la moitié de mon parcours n'aura été qu'un cauchemar et qu'il aurait fallu me réveiller bien plus tôt. Je garde un souvenir vivace et précis de certains passages de mon existence, comme ces violences physiques et psychologiques que j'ai subies. D'autres, cependant, ont tendance à s'estomper, comme ces longs mois durant lesquels j'ai cherché le responsable de mes maux. Ils font partie de moi malgré tout, et je m'efforce de les accepter.

Je profite de chaque moment, car je sais que tout peut basculer du jour au lendemain. Il faut s'écouter, écouter son corps, écouter son ressenti. Nous seuls savons au plus profond de nous-mêmes quand quelque chose ne va pas : nous devons prêter une oreille attentive à cette petite voix qui nous parle. Chaque fois qu'elle s'est manifestée, elle avait raison. Fort heureusement, je m'y suis parfois agrippée de toutes mes forces, car c'est grâce à elle que je n'ai jamais rien lâché.

Aujourd'hui, je suis fière d'en être là où j'en suis et de m'être battue, car tous ces efforts en valaient la peine.

Je suis fière de ma mère qui a réussi à « échapper » à son bourreau, au bout de plus de quinze ans. Nous tous, nous avons vécu l'enfer, mais c'est elle qui était en première ligne. Malgré tout, et malgré les conséquences qu'elle subit encore des années plus tard, elle est toujours debout et s'efforce désormais de profiter de la vie. Notre relation mère-fille a été tumultueuse ; parce que nos points de vue étaient divergents, on en a connu des hauts et des bas durant toutes ces années !

Elle avait dix-neuf ans quand je suis née, et s'est alors tissée une relation fusionnelle entre elle et moi. Cependant, avec le temps, l'emprise et la peur grandissant, nous nous sommes éloignées jusqu'à couper les ponts pendant l'une des années les plus terribles que j'ai connues. Alors que nous étions unies dans la douleur jusqu'à ce moment-là, même ce lien avait fini par se rompre.

Il a fallu que j'engage à plusieurs reprises la conversation pour obtenir des réponses, mais la honte et les remords l'ont certainement empêchée de s'exprimer pendant de longues années. Mon amour pour elle m'a poussée à toujours continuer à cultiver notre lien pour ne jamais rien devoir regretter.

À l'heure actuelle, je pense qu'elle comprend mes actes et mes réactions au regard de certains de ses choix. Mais le plus important est que nous réussissons petit à petit à nous apprivoiser et à communiquer de nouveau.

À vous tous qui avez eu un jour des doutes sur telle ou telle personne, je voudrais dire de ne pas étouffer cette petite voix qui vous alerte. Si quelqu'un vous paraît suspect, ou si vous remarquez un changement de comportement, ou encore des bruits, des cris, des pleurs… réagissez : donnez l'alerte, car des vies sont en jeu. Peut-être vous trompez-vous, mais dans le doute, faites-le. Personne n'a idée de ce qui se passe vraiment entre les murs d'une maison une fois sa porte close. Nous avons parfois l'impression de connaître parfaitement quelqu'un, mais certains nous leurrent et ne nous montrent que ce dont ils ont envie.

Pour ma part, j'endossais en public la parfaite panoplie d'un personnage heureux, à la vie sans histoires, mais en privé mon masque tombait. *Il* nous avait barricadés dans un tel monde de peur que nous n'évoquions jamais le sujet à l'extérieur. J'étais terrifiée par avance des immanquables conséquences qui s'ensuivraient si je ne me taisais pas. De plus, je ne laissais jamais transparaître la moindre émotion négative : j'affichais toujours un large sourire, et ma bonne humeur était constante.

Mais en y regardant bien, je suis persuadée qu'il y a toujours quelque chose à déceler chez quelqu'un qui souffre. Ces signes ne doivent pas être ignorés. Les conséquences pour les femmes battues sont désastreuses. Les conséquences pour les enfants qui grandissent dans un tel contexte sont elles aussi lourdes et irréversibles. Nous pouvons nous en sortir, mais nous restons marqués à vie. De toute façon, le choix qui s'offre à nous est simple : soit on s'enlise dans le malheur en ressassant le passé encore et toujours, soit on décide de se relever et d'aller de l'avant malgré tout.

Même si rien ne peut étayer cette intuition, je reste persuadée que si la fillette de six ans que j'étais à l'époque n'avait jamais croisé sa route, elle n'aurait jamais développé ce cancer, pas plus qu'elle n'aurait souffert de toutes ces angoisses qui l'étouffent.

Vivre dans la peur pendant plus d'une décennie a complètement modifié mon rapport à la vie.

En grandissant, j'ai voulu à plusieurs reprises porter plainte, faire quelque chose pour qu'*il* soit condamné et qu'*il* aille en prison. J'ai toujours hésité à le faire à cause de mes demi-frères et demi-sœurs. Ils ont eu la chance d'être épargnés et n'ont jamais vraiment vu et subi tout ça, car *il* n'agissait pas devant eux. Mais étais-je capable de les priver de leur père ? Dans ce cas, pourraient-ils me pardonner un jour ? J'ai préféré leur laisser leur père et garder le silence. Aujourd'hui, difficile de savoir si mon choix est le bon, mais c'est le mien.

Il n'aura pas réussi à me détruire. Malgré ses tentatives d'intimidation, ses violences physiques et psychologiques, je suis toujours debout et vivante.

Désormais, je me sens un peu plus sereine et mieux dans ma peau. Il m'arrive encore de faire des cauchemars, de souffrir d'angoisses épisodiques et de chercher à être rassurée sans raison apparente, mais dans l'ensemble, je me débrouille plutôt bien.

J'ai lu de nombreux livres sur la psychologie, sur les analyses du comportement, sur les conséquences d'une enfance désastreuse pour me renseigner, essayer de comprendre le fonctionnement de mon corps et envisager des solutions pour faire disparaître tel ou tel symptôme. Après avoir mené ma propre analyse et m'être reconnue dans plusieurs ouvrages, j'ai pris conscience que je souffre de crises de spasmophilie et d'hypocondrie. En effet, non seulement je redoute constamment d'être atteinte d'une nouvelle maladie, mais je suis sans cesse à l'affût du moindre changement... et dès que je remarque quelque chose, la spirale de la peur m'aspire : j'ai l'impression de ne pas respirer correctement, de manquer d'air, que mon cœur sort de ma poitrine ; j'ai des picotements dans les mains, dans les lèvres, la tête qui tourne, et je sens mon esprit qui s'embrume.

Je n'ai pas encore vaincu ma phobie, mais je parviens à « vivre avec ». Je prends énormément sur moi et, instinctivement, j'ai appliqué les conseils des professionnels – que j'ai retrouvés dans les livres au fil de ma recherche d'informations. Je tente de faire face à cette situation comme je l'ai fait dans mon enfance, comme je l'ai fait avec mon cancer. Désormais, je suis capable de prévenir les crises et de me contrôler. Être accompagnée de quelqu'un me rassure, au quotidien, mais j'arrive maintenant à accepter la solitude ; je laisse alors la télé ou la radio toujours allumée pour combler ce silence qui peut m'oppresser.

Quand il est question d'attaques de panique, nombreux sont les professionnels qui prétendent que ce n'est rien de grave, et qu'il suffit de les combattre pour vivre mieux. Cependant, derrière ces crises peut se cacher un vrai problème d'ordre médical. En ce qui me concerne, j'ai souffert de ces attaques de panique en raison d'une tumeur qui s'était logée dans ma thyroïde ; celle-ci envoyait alors de mauvais signaux à mon corps.

Alors, en un sens, j'estime que ces crises de spasmophilie m'ont sauvé la vie, m'ont prévenue que quelque chose n'allait pas et m'ont signalé que le danger était imminent.

Aujourd'hui, voilà bientôt sept ans que l'on m'a annoncé la pire nouvelle de ma vie, et je vais bien. Je suis heureuse et amoureuse. J'ai un homme et des amis en or, et je ne changerais cela pour rien au monde.

« Tous les humains portent ces peurs en eux, mais la plupart arrivent à ne pas y penser, ou à ne pas s'affoler en y pensant. Les paniqueurs, eux, ne peuvent l'oublier. D'où, comme toujours, leur force et leur richesse lorsqu'ils sont arrivés à dépasser leurs peurs : leur vie peut alors devenir plus pleine que celle de non-phobiques… »
Christophe André – *Psychologie de la peur*

© 2021, Marine Plourdeau
Édition : BoD – Books on Demand,
12/14 rond-point des Champs-Élysées, 75008 Paris
Impression : BoD - Books on Demand,
Norderstedt, Allemagne

ISBN : 9782322397839
Marine Plourdeau
Bretagne, France
Fonts : Times New Roman et Bodoni
Dépôt légal : octobre 2021